Ch. Alphonse Witz

Der Zweite Brief Petri

in homiletisch-exegetischen Reden erklärt

Ch. Alphonse Witz

Der Zweite Brief Petri

in homiletisch-exegetischen Reden erklärt

ISBN/EAN: 9783743307124

Hergestellt in Europa, USA, Kanada, Australien, Japan

Cover: Foto ©Lupo / pixelio.de

Manufactured and distributed by brebook publishing software
(www.brebook.com)

Ch. Alphonse Witz

Der Zweite Brief Petri

DER
ZWEITE BRIEF PETRI.

IN HOMILETISCH-EXEGETISCHEN REDEN ERKLÄRT

VON

CH. ALPHONSE WITZ,

DOCTOR DER THEOLOGIE.

GÜTERSLOH.

DRUCK UND VERLAG VON C. BERTELSMANN.

1 8 9 0.

.

DER

ZWEITE BRIEF PETRI.

IN HOMILETISCH-EXEGETISCHEN REDEN ERKLÄRT

VON

CH. ALPHONSE WITZ,

DOCTOR DER THEOLOGIE.

GÜTERSLOH.

DRUCK UND VERLAG VON C. BERTELSMANN.

1 8 9 0.

MEINEM VATER

PAUL EUGÈNE WITZ

FRÜHER PFARRER IN DIEDENDORF JETZT IN KOSSWEILER (ELSASS)

1839—1889

und

MEINEM SCHWIEGERVATER

ADOLF STOEBER

PFARRER IN MÜLHAUSEN (ELSASS)

1840—1890

ZUR ERINNERUNG AN IHR FÜNFZIGJÄHRIGES AMTSJUBILÄUM

IN TREUER LIEBE

GEWIDMET.

BEGLEITWORT

von Prof. D. Kübel, Tübingen.

Der hochverehrte Verfasser dieser Schrift hat durch eine Reihe ähnlicher Arbeiten (besonders über den ersten Petribrief) längst Eingang in der christlichen Leserwelt gewonnen, so dafs es dem Unterzeichneten nicht beifallen kann zu meinen, dafs er erst durch sein Begleitwort diesen homiletisch-exegetischen Ausführungen über den zweiten Petribrief eine Bahn eröffnen helfen müfste. Er ist dem Wunsch seines theuren Freundes in Wien, ein kurzes Geleitwort zu schreiben, nur defshalb gerne nachgekommen, weil er hofft, durch zweier Zeugen Mund werde vielleicht noch mehr, als durch den einen des Herrn Verfassers, die Aufmerksamkeit auf den Brief gelenkt werden, welcher hier behandelt ist. In seinen Betrachtungen läfst der Herr Verfasser möglichst ganz nur den Apostel Petrus selbst reden. Seine eigenen Gedanken wollen nur das Erzeugnifs, der Wiederhall und dann die weitere Ausführung und Anwendung der Gedanken des Apostels sein, so, wie diese den Bedürfnissen der gegenwärtigen Gemeinde entsprechend und der Sprache der jetzigen Christenheit angepafst auszudrücken sein möchten. Für die eigentliche Gabe und Kunst dieses Büchleins halte ich den genauen, strengen Anschlufs an den Text und die ungezwungene, aber möglichst Alles, auch die feineren Textbeziehungen zu verwenden suchende praktisch-erbauliche Ueber-

tragung der Textgedanken in das Leben der heutigen christlichen, besonders evangelisch-christlichen Gemeinde. Einführung
aber in die Schriftgedanken ist gewifs die wichtigste Aufgabe
der Theologen.

Gerade der zweite Petribrief nun verdient eine solche
Bearbeitung in hohem Grad. Er ist unter den Christen viel
zu wenig gekannt, gelesen, beherzigt. Wenn die vorliegende
Schrift dazu mithilft, ihn möglichst Vielen nahe zu bringen,
so wollen wir Gott dafür danken. Es ist ein gewaltiger
Brief, diese zweite Epistel Petri. Man sieht an ihm so recht,
wie die Bedürfnisse der Christenheit am Ausgang des apostolischen Zeitalters in manchem eine neue geistliche Speise
oder vielmehr neue Formen für die Darreichung der einen
alten Speise nöthig machten. Es war eine gährende, viel-
bewegte Zeit; so gar verschiedene Geister waren es, mit
welchen der christliche Geist in Berührung, Anziehung und
Abstofsung, trat; so allerhand Menschen wurden Mitglieder
der neuen Gemeinde und brachten ihre, oft ganz dem Geist
Christi widersprechenden Anschauungen, Triebe, Gelüste,
Leidenschaften mit. Die späteren paulinischen, die johanne-
ischen Briefe, die Apokalypse lassen uns ziemlich deutlich in
die damit gegebenen Kämpfe und in die Aufgaben hinein-
schauen, welche auf diese Weise den Aposteln zum Schlufs
ihrer Wirksamkeit und den Apostelschülern gestellt wurden.
Auch die Gemeinden, welche der zweite Petribrief anredet,
standen mitten drinnen in diesen Kämpfen. Da waren Irrlehrer eingedrungen, welche die Lehre von der christlichen
Freiheit vom Geist ins Fleisch zogen, ähnlich jenen Niko-
laiten Off. Joh. 2, 7. 14 f. Und da waren Leute, welche die
christliche Erwartung der Wiederkunft des Herrn, weil sie
ja doch nicht in Erfüllung gegangen sei, verspotteten und so

auch die heilige Pflicht ernster Vorbereitung auf das Ende nicht mehr gelten lassen wollten. Ja jetzt, wo der Apostel Reihen sich lichteten, schien überhaupt die feste Autorität der Leiter der Kirche und ihrer Lehre ins Wanken zu kommen; und Leute, die selbst „klugen Fabeln", den Phantasien des eigenen Geistes Raum liefsen — wie dies dann bei den sogenannten Gnostikern ganz zur Blüte kam, — mochten auch manches Wort der Apostel eben als „kluge Fabel", als Menschengedicht behandeln (1/16). Wiederum da und dort wurde das Schwierige und Dunkle, was in den apostolischen Schriften vorlag (3/16), sei es praktisch im Leben und Verhalten, sei es dazu mifsbraucht, die Lehrautorität derselben herunterzusetzen. Wie mufsten da die Apostel, wie mufste besonders der dem Tode nahe Petrus (1/14) noch allen Fleifs aufwenden, um in der Irre und Wirre solcher Meinungen und Kämpfe die Gemeinde auf den Fels zu stellen, auf welchem sie allein nicht wankend aushalten kann im brandenden Ocean des Weltwesens und der Weltmeinungen!

Nun, wie Petrus diese Aufgabe erfüllt hat, zeigt unser Brief, er führt sein Lehren, Mahnen, Warnen, seine ernst eindringliche, wehmütige aber auch kräftige Ansprache an die Gemeinden — zunächst (vgl. 3/1 mit 1. Petr. 1) die in Kleinasien — uns lebendig vor Augen. Möge sie auch in unsern Herzen Eingang finden! Auch unsrer gährenden Zeit thut nichts mehr noth, als das feste, prophetische und apostolische Wort, das allein scheinet als Licht an dunklem Ort (1/19). Gott gebe, dafs dieses Lichtes Schein nicht umsonst leuchte!

Tübingen, 9. Dec. 1889.

D. Robert Kübel.

VORWORT.

Der zweite Brief Petri wird von den Homileten arg vernachlässigt. Mit Unrecht.

Es thut unserer Zeit Noth an den Kampf erinnert zu werden, welchen die Begnadigten gegen die Feinde des Evangeliums in der Kirche zu bestehen haben.

Auch schadets nicht, dem Stuhle Petri die Briefe Petri gegenüberzustellen.

Letzteres Moment kam jedoch für mich nur nebenbei in Betracht. Die Unterweisung lag mir näher als die Polemik. Zumal ich keine bessere Abwehr gegen Anmaafsungen kenne als die reine, klare, apostolische Lehre selbst.

Defshalb blieb ich auch bestrebt schlicht und einfach, das Wort allein zur Geltung zu bringen und den Sinn des Textes nach seinem speciellen Zusammenhang, „nach der unmittelbaren Tendenz, die er hat, nach allen seinen oft feinen Nuancen zu ermitteln, um auf diese Weise das Glaubensleben durch die Individualität der Schrift zu fördern, zu kräftigen, zu festigen." (G. Thomasius: Praktische Auslegung der Briefe Pauli an die Colosser. Erlangen. A. Deichert. 1869. S. 14.)

Diesem Zwecke soll auch die Form entsprechen. Man möge daher meine Betrachtungen nicht nach den für Predigten oder Bibelstunden geltenden bez. überlieferten Regeln

beurtheilen. Mir war nur darum zu thun, nach dem Vor-
bilde älterer Zeiten, praktische Exegese darzubieten mit homi-
letischer Einkleidung und ethischer Anwendung. Und diese
Einführung in das Wort Gottes ist sowohl eine Forderung
als ein Bedürfnifs unserer Zeit.

Ich würde mich daher von ganzem Herzen freuen, wenn
meine Arbeit tüchtigere Kräfte aneifern könnte auf diesem
Gebiete der praktischen Exegese besseres, vollkommeneres zu
leisten, damit unsere Christenheit wieder so erstarkte, dafs sie
„in Glaubenssachen keinen anderen Richter duldete als Gott,
der durch die heilige Schrift erklärt, was wahr oder falsch
ist, was zu befolgen oder zu meiden sei." (Dr. C. A. Witz:
Zweite Helvetische Confession. Klagenfurt. J. Heyn 1881.
Kap. II. S. 31.)

D. C. A. Witz.

INHALT.

DER ZWEITE BRIEF PETRI.

(Frei übersetzt.)

I., 1—21.

Simon Petrus, Knecht und Apostel Jesu Christi, an die, welche denselben kostbaren Glauben wie wir empfangen haben durch die Gerechtigkeit unseres Gottes und Heilandes Jesu Christi! Gnade und Friede werde in euch gemehrt durch die Erkenntnifs Gottes und unseres Herrn Jesu! Sintemal uns seine göttliche Kraft, mittelst der Erkenntnifs dessen, der uns durch seine eigene Herrlichkeit und Güte berufen hat, Alles gegeben hat, was zum Leben und zur Frömmigkeit gehört — wodurch uns auch die hochwerthen, allergröfsesten Verheifsungen geschenkt sind — damit ihr dadurch, dem Lustverderben der Welt entronnen, der göttlichen Natur theilhaftig werdet. So reichet denn gerade defshalb, mit Aufwendung alles Fleifses in euerem Glauben dar die Tugend, in der Tugend die Erkenntnifs, in der Erkenntnifs die Mäfsigung, in der Mäfsigung die Geduld, in der Geduld die Gottseligkeit, in der Gottseligkeit die brüderliche Liebe und in der brüderlichen Liebe die allgemeine Menschenliebe. Denn wenn solches bei euch vorhanden und in Zunahme begriffen ist, stellt es euch als nicht unthätig, als nicht unfruchtbar dar hinsichtlich der Erkenntnifs des Herrn Jesu Christi. Wem hingegen solches fehlt, der ist blind, kurzsichtig, indem er vergessen hat die Reinigung seiner früheren Sünden. Darum, Brüder, wendet vielmehr Fleifs an, euere Berufung und Erwählung fest zu machen; denn wo ihr solches thut, werdet ihr nie verunglücken. Vielmehr wird euch reichlich gewährt werden der Eingang in das ewige Reich unseres Herrn und Heilandes Jesu Christi.

II. Darum werde ich euch stets an diese Dinge erinnern,
obschon ihr sie wisset und in der vorhandenen Wahrheit fest
gegründet seid. Ich achte es aber für meine Pflicht, so lange
ich in dieser Hütte bin, euch durch Erinnerung wach zu
halten, zumal ich weifs, dafs bald die Ablegung meiner Hütte
erfolgt, wie mir auch unser Herr Jesus Christus geoffenbaret
hat. Ich werde mich aber darum bemühen, dafs ihr euch je
und je nach meinem Ende daran erinnern könnt. Denn wir
haben euch unseres Herrn Jesu Christi Macht und Erscheinung
nicht auf Grund ersonnener Fabeln, denen wir nachgingen,
sondern auf Grund dessen kund gethan, dafs wir Augenzeugen
seiner Gröfse gewesen sind. Wie er denn von Gott dem
Vater Ehre und Herrlichkeit empfangen hat, nachdem von der
hocherhabenen Herrlichkeit die folgende Stimme an ihn ergangen war: dieser ist mein Sohn, der geliebte, dem ich mein
Wohlgefallen zugewendet habe, — und diese Stimme haben
wir vom Himmel kommen hören, da wir mit ihm waren auf
dem heiligen Berge, und so steht uns das prophetische Wort
um so fester, woran ihr gut thut euch zu halten als an ein
Licht, das an einem wüsten Orte scheinet, indem ihr in euerem
Herzen dies vor allem erkennet, dafs keine Weifsagung der
Schrift eigene Lösung zuläfst, denn nie ist eine Weifsagung
durch menschlichen Willen geschehen, sondern getrieben vom
heiligen Geiste haben (aus Gott) Menschen geredet.

II./1—22.

I. Es waren aber auch falsche Propheten unter dem
Volke, wie auch unter euch falsche Lehrer sein werden, welche
Sonderrichtungen des Verderbens hereinbringen werden, indem
sie selbst den Herrn, der sie erkauft hat, verläugnen, und so
ein jähes Verderben über sich herbeiführen werden. Und
viele werden ihnen in ihren Ausschweifungen nachfolgen und
um ihretwillen wird der Weg der Wahrheit gelästert werden
und in Habsucht werden sie mit künstlich ausgedachten Lehren
von euch Gewinn zu ziehen suchen; aber längst schon säumt
ihr Gericht nicht und ihr Verderben schlummert nicht. Hat

doch Gott der Engel nicht geschont, die gesündigt hatten,
sondern sie den Stricken der Finsternifs übergeben, in die
Hölle gestofsen und in Verwahrung für das Gericht gegeben;
und der alten Welt nicht geschont, sondern blofs Noah, den
Prediger der Gerechtigkeit, mit nur sieben anderen, bewahrt,
als er über die Welt der Gottlosen die Fluth herbeiführte;
und die Städte Sodom und Gomorrha zur Zerstörung verurtheilt, indem er sie in Asche legte, damit ein Beispiel für
die Gottlosen der Zukunft aufstellend — hingegen den gerechten Lot, welcher unter dem unzüchtigen Wandel der Gottlosen leiden mufste — denn mit Blick und Gehör fand der Gerechte, da er unter ihnen wohnte, Tag für Tag (neue) Qual
für seine Seele in den frevelhaften Werken — errettet. Der
Herr weifs (eben) die Gottseligen von der Versuchung zu erlösen, und die Ungerechten aber auf den Tag des Gerichtes
aufzubewahren. Zumal die, welche dem Fleische nachwandeln
mit Begierde nach Befleckung; die alle Herrschaften verachten; verwegen in der Frechheit nicht davor zittern, Hoheiten zu lästern, wo doch Engel, die an Kraft und Macht
gröfser sind, kein lästerndes Urtheil gegen sie beim Herrn
fällen. Ja, wie unvernünftige Thiere, die von Natur dazu
geboren sind, dafs sie gefangen und geschlachtet werden, werden auch sie, indem sie lästern, was sie nicht kennen, in
ihrem Verderben umkommen und den Lohn der Ungerechtigkeit davon tragen.

II. Sie achten es für Vergnügen den Tag mit Schwelgen
hinzubringen — Schmutz und Schandflecken, die in ihren Betrügereien schwelgen, indem sie mit euch prafsen, haben Augen,
die von der Ehebrecherin eingenommen und unersättlich sind
in den Sünden, locken unbefestigte Seelen an sich, haben ein
Herz durchtrieben in Habsucht — Kinder des Fluches. Sie
haben den geraden Weg verlassen, sind irre gegangen, indem
sie dem Weg Bileams, des Sohnes Beors nachfolgten, welcher
den Lohn der Ungerechtigkeit liebte, aber auch die Zurechtweisung seiner Gesetzesübertretung empfing: das sprachlose
Lastthier, in menschlicher Sprache redend, wehrte der Sinnes-

verkehrtheit des Propheten. Es sind Brunnen ohne Wasser
und vom Sturmwinde gejagte Nebel, für welche die Macht
der Finsternifs bereit gehalten ist. Indem sie eitlen Schwulst
reden, verlocken sie mit fleischlichen Lüsten, mit Ueppig-
keiten die, welche seit kurzem den im Irrthum Wandelnden
entronnen waren, indem sie ihnen Freiheit verheifsen, während
sie selbst Sklaven des Verweslichen sind. Denn von wem
einer besiegt ward, dem ist er auch als Sklave verfallen.

Wenn aber diejenigen, welche durch die Erkenntnifs des
Herrn und Heilandes Jesu Christi, den Befleckungen der Welt
entronnen sind, sich wieder in dieselben verstricken und überwinden lassen, so ist bei ihnen das letzte schlimmer geworden,
als das erste. Denn es wäre ihnen besser, den Weg der Gerechtigkeit nicht erkannt zu haben als sich, nachdem sie ihn
kennen gelernt haben, von dem ihnen überlieferten heiligen
Gebote wieder abzuwenden. Es ist bei ihnen eingetroffen,
was das wahre Sprüchwort sagt: „Ein Hund, der sich zum
eigenen Gespei und eine Sau, die sich zum Wälzorte des Kothes
zurückwendet.“

III. 1—18.

Das ist schon der zweite Brief, Geliebte, welchen ich
euch schreibe, um euch durch Erinnerung den lauteren Sinn
wachzuhalten, dafs ihr gedenket der Worte, die einst zuvor
gesprochen wurden von den heiligen Propheten und der Weisung euerer Apostel vom Herrn und Heiland, zumal ihr voraus wisset, dafs in den letzten Tagen Spötter mit Spott auftreten werden, die nach ihren eigenen Lüsten wandeln und
fragen: „Wo ist die Verheifsung seiner Ankunft? Seit der
Zeit, dafs die Väter entschlafen sind, bleibt ja Alles, wie es
vom Anfang der Welt her war.“

Sie wollen eben nicht wissen, dafs trotzdem vormals die
Himmel und die Erde aus Wasser und mittelst Wassers entstanden sind durch das Wort Gottes, die damalige Welt (der
lebenden Wesen) dennoch, unter Zusammenwirkung von Himmel und Erde, durch Wasserfluth zu Grunde ging: die jetzigen

Himmel und Erde aber sind durch das nämliche Wort aufgespart für Feuer und werden aufbewahrt auf den Tag des
Gerichtes und Verderbens der gottlosen Menschen. Das Eine
aber möge euch nicht verborgen bleiben, Geliebte, dafs ein
Tag bei dem Herrn ist wie tausend Jahre und tausend Jahre
sind wie ein Tag. Der Herr verzieht nicht, wie es Etliche für
eine Verzögerung halten, sondern er ist langmüthig gegen
uns, indem er nicht will, dafs Gewisse verloren gehen, sondern
dafs Alle zur Bufse gelangen. Es wird aber der Tag des
Herrn kommen wie ein Dieb und an diesem Tage werden die
Himmel dahin rauschend vergehen, die Elemente in Gluthhitze
sich auflösen und die Erde wird, sammt allen ihren Werken,
verbrennen. II. Da nun dies Alles aufgelöst wird, wie mächtig müfst
ihr sein in heiligem Wandel und in der Gottseligkeit unter Erwarten und Ersehnen der Ankunft des Tages des Herrn, um defs-
willen die Himmel in Feuer vergehen und die Elemente im
Brande schmelzen werden! Wir warten aber, seiner Verheifsung
gemäfs, auf neue Himmel und neue Erde, in welchen Gerechtigkeit wohnet. Darum, Geliebte, weil ihr solches erwartet,
so befleifsiget euch fleckenlos und untadelhaft im Frieden erfunden zu werden und achtet die Langmuth des Herrn für
euer Heil — wie auch unser geliebter Bruder Paulus, nach
der ihm verliehenen Weisheit, — sowohl an euch, als in allen
seinen Briefen, worin wohl einiges schwerverständliche vor-
kommt, was, wie auch die übrigen Schriften, die Ungelehrten
und Unbefestigten zu ihrem Verderben verdrehen so oft er von
diesen Dingen redet, — geschrieben hat.

Ihr nun, Geliebte, nehmet euch, da ihr solches voraus
wisset, in Acht, dafs ihr euch nicht durch den Irrthum der
Gottlosen mit fortreifsen lasset und euerem festen Stande
entfallet.

Wachset vielmehr durch die Gnade und Erkenntnifs
unseres Herrn und Heilandes Jesu Christi! Ihm sei Ehre jetzt
und am Tage der Ewigkeit!

Das evangelische Glaubensleben.

II. Petri 1/1—11.

Könnte ich für meine Betrachtungen einen schöneren Anfang wünschen, als den, mit welchem Simon Petrus,
Knecht und Apostel Jesu Christi seinen zweiten
Brief beginnt? So seid denn von Herzen gegrüfst, ihr alle,
„welche denselben kostbaren Glauben wie wir empfangen haben durch die Gerechtigkeit unseres
Gottes und Heilandes Jesu Christi" und möge der
himmlische Vater, das Lesen dieses Briefes wie das Hören
unserer Betrachtungen mit seinem reichen Segen begleiten,
dafs „Gnade und Friede in euch — wie in uns —
gemehrt werde durch die Erkenntnifs Gottes und
unseres Herrn Jesu."

Der zweite Brief Petri wird uns dazu reichliche Gelegenheit bieten, mancherlei Anregungen geben. Gleich der erste
Abschnitt enthält eine Fülle von tiefen Belehrungen und ernsten Ermahnungen. Der Apostel zeigt uns, woher der kostbare Glaube stammt, wozu er uns verpflichtet, womit er uns
beglückt. Der ganze Brief ist einem Strome gleich, der schon
bei seiner Quelle breit und tief ist. So lafst uns denn auf
Grund der verlesenen Textworte, die Entstehung, Entfaltung und Krönung des christlichen Glaubens andächtig
mit einander betrachten.

Die Entstehung des Glaubens ist eine übernatürliche.
Alles, was zum Leben und zur Frömmigkeit gehört, stammt
von oben. Die „göttliche Kraft" Jesu Christi schenkt
uns das Glaubensleben. Du allein kannst es dir nicht geben:

es wird in dir geweckt. Die Natur erzeugt den wissenschaft-
lichen Sinn, den Drang, ihre Geheimnisse zu erforschen, zu
entschleiern; die harmonischen Klänge der Musik, die reinen
Formen, die reichen Farben wecken das musikalische Talent,
die Lust zur Bildhauerei, zur Malerei: die göttliche Kraft
Jesu Christi wirket den Glauben. Der Glaube ist bereits von
seinem Anfange an, was er seinem Wesen nach bleiben soll:
göttlich. Er ist eine Pflanze des heiligen Geistes, eine
Wirkung der göttlichen Kraft Jesu.

Und wodurch wirkt die göttliche Kraft diesen Glauben?
Vermittelst der „Erkenntnifs dessen, der uns berufen hat durch seine Herrlichkeit und Güte." Die
Erkenntnifs dessen, der uns berufen hat, ist die Wurzel des
christlichen Glaubens, des christlichen Glaubenslebens. Die
Erkenntnifs seiner selbst ist der Anfang der Philosophie, die
Erkenntnifs Gottes ist der Anfang der Religion. Diese Er-
kenntnifs hat uns Jesus und Jesus allein vermittelt. Wohl
haben schon die Menschen vor Christus viel über die Gottheit nachgedacht, mitunter auch tiefempfundenes hierüber gesprochen und geschrieben, aber bis zur wahren, lebendigen
Erkenntnifs haben sie sich nicht emporgeschwungen. Die
Erkenntnifs Gottes beginnt erst mit Jesus. Die sämmtlichen
Philosophen der Welt haben geträumt, gedichtet, geahnt.
Jesus allein hat die Wahrheit geoffenbart, das Wesen Gottes
enthüllt. Ihm allein verdanken wir die Erkenntnifs Gottes
als eines „berufenden." Den schöpfenden Gott haben die
vorchristlichen Weisen geahnt: einen berufenden kannte Niemand. Von einer Regierung und Herrschaft Gottes haben sie
geträumt: nirgends erwähnen sie den Ruf eines barmherzigen
Vaters. Vor dem Zorne, der Strafe der Gottheit haben sie
gezittert: das Herz eines Gottes, welcher nach seinen Kindern ruft, war ihnen verborgen. Selbst Israel hat Jehovah
mehr als einen National-Gott verehrt, dessen Liebe vornehmlich, wo nicht ausschliefslich dem auserwählten, abgesonderten
Volke zugesichert sei. Durch Christus erst haben wir Gott
als den Gott der Menschheit erkannt, und zwar als einen

Gott, der nicht blofs im Allgemeinen seine Flügel über uns
breitet, sondern jedem Einzelnen insbesondere seine Liebe zu-
wendet.   Der Ruf, welcher einst innerhalb Israel's an die
Glieder des Volkes erging, ergeht nun innerhalb der ge-
sammten Menschheit auf der ganzen Erde, an jeden Einzelnen: Mein Sohn, meine Tochter, gib mir dein Herz.
Christus hat uns Gott geoffenbaret, als einen Gott, der uns
beruft.
    Wie beruft? Durch seine „eigene Herrlichkeit
und Güte," durch sein herrliches Wesen und Wirken. Er
zwingt dich nicht in seinen Dienst, er zieht dich nicht durch
seine Macht heran: er läfst seine Herrlichkeit und Güte an
dir vorüberziehen.   Er übt keinen Druck auf dich durch
Drohungen und Strafen. Sinai ist durch Golgatha verdrängt.
Wir sind nicht der Magd, sondern der Freien Kinder (Gal.
4/31). Gott ruft uns, ladet uns ein, zieht uns heran durch
seine Herrlichkeit und heilige Güte.   Und diese Herrlichkeit
und heilige Güte hat uns Jesus kund gethan. Was Moses
einst zu sehen gewünscht, von rückwärts nur zu sehen be-
kam, haben wir von Angesicht zu Angesicht in Jesu Christo
geschaut.   Wir sahen seine Herrlichkeit, eine Herrlichkeit
als des eingeborenen Sohnes vom Vater, voller Gnade und
Wahrheit.   Wie in der Schöpfung die Herrlichkeit seiner
Macht, so hat Gott in Jesu Christo die Herrlichkeit seiner
Güte und Gnade geoffenbaret.   Denn also hat Gott die Welt
geliebt, dafs er seinen eingeborenen Sohn gab, auf dafs Alle,
die an ihn glauben, nicht verloren werden, sondern das ewige
Leben haben (Joh. 3 16). Und das ganze Leben, Lehren
und Leiden Jesu Christi, was ist es anderes, als die Bekräf-
tigung dafür, dafs Gott nicht will den Tod des Sünders, sondern dafs er sich bekehre und lebe? Ja, das ist je ge-
wifslich wahr und ein theuer werthes Wort, dafs Jesus Christus gekommen ist in die Welt, die Sünder selig zu machen
(1. Tim. 1/15). Mag man sonst über die Person, das Werk
Jesu urtheilen wie immer, das Eine wird gewifs Niemand
in Abrede stellen, dafs uns die Gnade und Wahrheit durch

Jesum Christum geworden (Joh. 1 17). Und fast will es mir scheinen, dafs es unmöglich ist, die Fülle der Gnade zu sehen, zu erkennen ohne davon überwältigt zu werden. Wo ist ein solcher Gott wie du bist? Ein Gott, der Sünde vergibt, die Missethat erläfst, nicht ewiglich Zorn hält? — so frug einst voll Erstaunen der Prophet Micha (7/18) als er die Gottlosigkeit in seinem Lande überblickte, wo der Beste wie ein Dorn, der Redlichste wie eine Hecke war. Wo ist ein solcher Gott wie du bist? müssen wir voller Dankbarkeit ausrufen, wenn wir zu dem Kreuze aufblicken, an welchem Jesus blutet und betet: Vater vergib ihnen, denn sie wissen nicht, was sie thun! Fürwahr, wer vor dem Kreuze Christi weilen kann, ohne im Innern bewegt, ergriffen, überwunden zu werden, dessen Herz ist verdorret wie Gras (Ps. 102 5). Die genaue, gründliche Kenntnifs eines Menschen wirkt anziehend oder abstofsend, je nach den Eigenschaften oder Fehlern, die ihm eigen sind; die Erkenntnifs Gottes hingegen kann bei den wahrheitsliebenden nur eine Wirkung haben: Die Sehnsucht nach der innigen Gemeinschaft mit Gott. Die Erkenntnifs Gottes, wie Christus sie uns vermittelt, wirkt den Glauben, hat zur Folge die völlige Hingabe an Gott. Oder kannst du ihn kennen, ohne ihm zu vertrauen, ihm vertrauen, ohne dich ihm hinzugeben, dich hingeben, ohne seinem Rufe zu folgen, ohne auf seine Bitte: Mein Sohn, meine Tochter, gib mir dein Herz, freudig zu antworten: ich vergesse, was dahinten ist, und strecke mich zu dem, das da vorne ist, und jage nach dem vorgesteckten Ziele, nach dem Kleinode, welches vorhält die himmlische Berufung Gottes in Christo Jesu (Phil. 3 13—14)? Nein, aus der Erkenntnifs wächst der Glaube und mit dem Glauben erhalten wir „Alles, was zum Leben und zur Frömmigkeit gehört." Was die göttliche Kraft geschaffen, das will sie auch erhalten und nicht blofs erhalten, sondern kräftigen, gründen. Sie schenkt uns das Gut und das Gute, das Leben zuerst, hernach die Frömmigkeit, das Rechtverhalten, ohne welches wir dieses Gut nicht besitzen könnten. Der göttlichen Kraft haben wir es zu verdanken,

dafs wir Leben besitzen, statt des Todes, dem wir von
Natur verfallen sind und „dafs Frömmigkeit unser Verhalten
ist, statt der Gottvergessenheit des natürlichen Menschen.
Und alles, was hiezu dient, hat er uns geschenkt, sodafs wir
keine Entschuldigung haben, wenn es bei uns nicht zu dem
kommt, wozu es dient; wir haben dann das, was er uns geschenkt hat, ungenützt gelassen" (Hofmann).

Jesus schenkt uns Alles. Was immer wir brauchen zur
Kräftigung, Befestigung, Gründung und Vollbereitung des göttlichen Lebens, der christlichen Frömmigkeit, das erhalten wir
von der göttlichen Kraft unseres Heilandes. Sobald er in uns
lebt, leben wir in ihm, wird sein Leben die Quelle unseres
Lebens, unserer Frömmigkeit, so dafs nichts fehlt von Allem,
was dazu dient, Gott zu ehren, wie er geehrt sein will. Welch
ein Trost! Der Herr bleibt bei uns mit seiner Hülfe und Gnade.
Er ist kein harter Mann, der nimmt, was er nicht hingelegt
oder erntet, was er nicht gesäet hat (Luc. 19,21). Die er
ruft, die ihm folgen, empfangen aus seiner Hand, durch seine
Gnade „Alles, was zum Leben, zur Frömmigkeit gehört." Empfangen es selbstverständlich nur, wenn sie darum bitten, darnach verlangen. Wie er keinem seine Gemeinschaft aufnöthigt, so zwingt er Niemanden zu seiner
Nachfolge. Seine göttliche Kraft „schenkt", sie verschleu-
dert nicht. Stockt das Leben, erschlafft die Frömmigkeit, so
liegt die Schuld einzig und allein an uns. Der Herr hat
uns nicht übersehen, seine göttliche Kraft ist nicht verkürzt,
wir aber haben es unterlassen die Augen zu erheben zu den
Bergen, von welchen uns Hülfe kommt: wir haben unser Herz
nicht erschlossen dem Geist, der unserer Schwachheit aufhilft;
wir haben es verschmäht, aus seiner Fülle zu nehmen Gnade
um Gnade. Fanget doch einmal an inbrünstig zu bitten,
unermüdlich zu suchen, unverdrossen anzuklopfen und ihr
werdet erfahren, was der Apostel Paulus bestätigt: Gott aber
kann machen, dafs allerlei Gnade unter euch reichlich sei,
dafs ihr in allen Dingen volle Genüge habet, und reich seid

zu allerlei guten Werken (2. Cor. 9/8). Der Herr schenkt uns alles, was wir zur Frömmigkeit brauchen. Und die Gnadengaben, die Heilsgüter sind nicht an die sichtbare Welt gebunden. Sie reichen weit über die Grenze des Diesseits hinaus. Aufser den Gaben, welche Jesus uns für das irdische Leben, für die Frömmigkeit in der Gegenwart verleiht, schenkt er uns zugleich mit denselben für die Zukunft „die kostbaren, gröfsten Verheifsungen." Diese Verheifsungen stehen in innigster Beziehung zum göttlichen Leben, zur christlichen Frömmigkeit. „Wir müssen befähigt sein schon jetzt in einem den Tod ausschliefsenden Leben und in einem dem Verhältnisse zu Gott entsprechenden Verhalten zu stehen, um auf eine Zukunft Anwartschaft zu haben, wie sie uns verheifsen ist" (Hofmann). Ist nun Leben und Frömmigkeit vorhanden, so werden sich die kostbaren, die gröfsten Verheifsungen erfüllen. Die kostbaren, von hohem Werthe, weil deren Erfüllung in den Besitz eines werthvollen Gutes setzt, in Unterschied von denen, die nur auf Zeitliches und Irdisches lauten, wie solche für die alttestamentliche Zeit gegeben waren; — das bessere Testament steht auch auf besseren Verheifsungen (Ebr. 8/16). — Die allergröfsesten, weil sie sich in den höchsten Dingen verwirklichen.

Welch' ein Gut mag das sein? Welch' ein Zustand ist damit gemeint? Der Apostel deutet es an, indem er hinweist auf die „göttliche Natur," deren wir sollen theilhaftig werden. Die „göttliche Natur" wird uns in Aussicht gestellt. Nicht das göttliche Leben: wir haben es bereits. Nicht die Gotteskindschaft: besitzen wir „Alles, was zum Leben und zur Frömmigkeit gehört," so sind wir auch Kinder geworden. Und sind wir Kinder, so werden wir auch Erben Gottes, Miterben Jesu Christi. Diese Wohlthaten alle sind die natürliche Folge unserer Berufung, unserer Erwählung. Hier aber werden uns noch gröfsere Heilsgüter zugesagt. Heilsgüter, deren Verleihung nicht unbedingt mit unserer Berufung zusammenzuhängen scheinen: wir sollen An-

theil haben an der „göttlichen Natur." Das Christenthum
erhebt uns über die göttliche Würde hinaus und hinauf bis
zur göttlichen Natur. Denn werthvoller als die Verwandtschaft mit Gott, größer als die Verklärung durch Gottes
Geist, ist die gänzliche Erneuerung unserer Natur: weil göttlichen Geschlechtes werden wir der „göttlichen Natur"
theilhaftig. Meine Lieben — schreibt der Apostel Johannes
I 3 2 — wir sind nun Gottes Kinder und ist noch nicht erschienen, was wir sein werden. Wir wissen aber, wenn es
erscheinen wird, daß wir ihm gleich sein werden, denn wir
werden ihn sehen, wie er ist. Solche Verheißungen werden
sich an uns erfüllen.

Denn dazu — lehrt Petrus — schenkt euch Jesus, in
seiner göttlichen Kraft alles, was zum Leben und zur Frömmigkeit gehört" auf daß ihr — dem Verderben in der
Welt entronnen — der göttlichen Natur theilhaftig werdet." Würden die Berufenen fortfahren, der
sündlichen Lust zu fröhnen, so würden sie freilich in und
mit der Welt, der sie dann noch angehörten, vergehen. Als
Christen aber sind sie diesem Geschick entronnen, weil sie
die sündliche Begier nicht mehr theilen. Sie haben den alten
Menschen abgelegt und den neuen Menschen angezogen, der
nach Gott geschaffen ist in Gerechtigkeit und Heiligkeit der
Wahrheit. Die Verheißungen der Gottseligkeit können daher
ihr Endziel erreichen: wir werden der göttlichen Natur
theilhaftig.

In der That hochwerthe, großartige Verheißungen! Vom
Himmel steigt das Glaubensleben herab, zum Himmel führt
es hinauf; es wächst aus der göttlichen Kraft heraus in die
göttliche Natur hinein. O, welch' eine Tiefe des Reichthums,
beides, der Weisheit und Erkenntniß Gottes (Röm. 11/33)!
Was ist doch der Mensch, daß du seiner gedenkst, und des
Menschen Kind, daß du dich seiner annimmst (Ps. 85)? Er
reißt uns aus dem Schmutze der Sünde heraus und hebt uns
empor bis zum ewigen Thron. Er erlöset unser Leben vom
Verderben und krönet uns mit Gnade und Barmherzigkeit

(Ps. 103,4). Ja, Dank seiner Gnade und Barmherzigkeit wird sich in uns des Herrn Klarheit mit aufgedecktem Angesicht spiegeln und wir werden verklärt in dasselbe Bild von einer Klarheit zur anderen, als vom Herrn, der der Geist ist (2. Cor. 3,18). Was die Sünde verdorben, stellt die Gnade wieder her. Den Menschen, den der Allmächtige nach seinem Bilde geschaffen, will der Allgütige seiner göttlichen Natur theilhaftig machen.

Unter der Bedingung freilich, dafs die Entfaltung des Glaubenslebens eine himmlische, eine göttliche sei. „Aber gerade defshalb — fährt der Apostel fort — reichet dar, mit Aufwendung alles Fleifses, in euerem Glauben die Tugend, in der Tugend die Erkenntnifs, in der Erkenntnifs die Mäfsigung, in der Mäfsigung die Geduld, in der Geduld die Gottseligkeit, in der Gottseligkeit die brüderliche Liebe, in der brüderlichen Liebe die allgemeine Menschenliebe.“ Wähnt ja nicht, warnt der Apostel, dafs ihr nunmehr, entronnen dem Verderben, welchem die sündliche Begierde anheimfällt, weiteren Strebens und Bemühens enthoben seid. Im Gegentheil. Gerade defshalb, weil ihr dem Verderben entronnen seid, sollt ihr allen Fleifs anwenden. Das Ziel steht zwar sichtbar vor euren Augen: ihr sollt göttlicher Natur theilhaftig werden; aber dieses Ziel ist noch nicht erreicht. Es gibt noch einen langen, weiten Weg zurückzulegen. „Um der Verklärung theilhaftig zu werden, bedarf es unserer ganzen auf die Erreichung dieses Zieles gerichteten Beflifsenheit, und statt uns derselben dadurch, dafs uns die Flucht aus dem Verderben gelungen ist, überhoben zu wähnen, müssen wir gerade defshalb, weil sie uns gelungen und uns hiemit der Weg zu jenem Ziele eröffnet ist, allen Fleifs aufbieten, um das Ziel zu erreichen“ (Hofmann). Der Glaube soll sich fortan als ein „geschäftig Ding“ erweisen. Die göttliche Kraft, die uns mit allem beschenkt, soll von nun an auch der Beweggrund, die Triebfeder unseres Lebens und Wirkens werden. Je gewisser es ist, dafs wir berufen sind der

göttlichen Natur theilhaftig zu werden, desto mehr werden
wir uns verpflichtet erachten, dieser Berufung gemäfs, nach
dem Reiche Gottes und nach seiner Gerechtigkeit zu trachten.

Man hat viel darüber gestritten, ob die Werke zur Seligkeit nothwendig seien oder nicht. Eigentlich ein seltsamer
Streit! Freilich sind die Werke nothwendig. Denn die
Werke sind die Früchte, die Lebenszeichen, fast möchte ich
sagen, das Athemholen des Glaubens. Ein Glaube ohne Werke
ist todt. Zugleich sind die Werke die Hüter und Wächter
des Glaubens. Sie bauen wie eine Mauer um ihn und schützen
ihn gegen die Angriffe von aufsen. Jemehr die guten
Werke — d. h. die Werke aus dem Glauben, die Werke,
welche aus Dankbarkeit für Christi Gnade nach dem Gesetz
Gottes und ihm zu Ehren geschehen — die Lebendigkeit und
Lauterkeit unseres Glaubens bezeugen, desto weniger wird
der Glaube selbst angetastet oder bekämpft. Ferner sind die
Werke um unserer selbst willen nothwendig: wir werden
durch dieselben unseres Glaubens gewifs (Heidelberger Kate-
chismus). Endlich sind die Werke ein Mahnruf des Glaubens. Worte verhallen, Beispiele eifern an. Lasset euer
Licht leuchten vor den Leuten, ermahnt Jesus selbst, dafs
sie eure guten Werke sehen und eueren Vater im Himmel
preisen (Matth. 5 16). Die Werke sind unentbehrlich. Wir
werden zwar ohne Verdienst gerecht, aus Gnaden, durch die
Erlösung, die durch Jesum Christum geschehen ist; die Gerechtigkeit kommt durch den Glauben, aber vor Gott gilt
doch nur der Glaube, der durch die Liebe thätig ist
(Gal. 5 6).

„Obgleich wir also mit dem Apostel lehren, dafs der
Mensch gerecht werde durch den Glauben an Christum und
nicht durch irgend welche gute Werke, so verachten oder
verwerfen wir darum die guten Werke nicht, da wir wissen,
dafs der Mensch durch den Glauben weder geschaffen noch
wiedergeboren sei, damit er unthätig sei, sondern vielmehr,
dafs er unablässig thue, was gut und nützlich ist.
Denn im Evangelium sagt der Herr: Ein guter Baum

bringt gute Früchte, ferner: Wer in mir bleibt, der bringt
viel Frucht. Der Apostel spricht: Wir sind Gottes Geschöpfe, erschaffen in Christo Jesu zu guten Werken, wozu
uns Gott bestimmte, dafs wir darin wandeln sollten. Wiederum: Der sich selbst für uns hingegeben hat, dafs er uns
frei machte von aller Ungerechtigkeit und sich reinigte ein
eigenthümliches Volk, das fleifsig wäre zu guten Werken.
Wir verwerfen also alle die, welche die guten Werke verachten, oder die albernen Reden führen, dafs sie unnütz wären,
und man sich nicht darum zu kümmern habe." (Dr. C. A.
Witz: Die zweite helvetische Confession Klagenfurt. Joh.
Heyn 1881. S. 84.)

Gott ist nicht ein Gott der Todten sondern der Lebendigen: so kann seine Gnade auch nur bei Lebendigen
weilen. Oder sollten wir in der Sünde beharren, auf dafs
die Gnade desto mächtiger werde? Das sei ferne. Wie
sollten wir in der Sünde wollen leben, der wir abgestorben
sind? Wisset ihr nicht, dafs Alle, die wir in Jesum Christum
getauft sind, die sind in seinen Tod getauft? So sind wir
ja mit ihm begraben durch die Taufe in den Tod, auf dafs,
gleichwie Christus ist auferwecket von den Todten durch die
Herrlichkeit des Vaters, also sollen auch wir in einem neuen
Leben wandeln (Röm. 6 1—4).

Gerade defshalb weil wir dem Glauben Alles verdanken,
befolgen wir die Ermahnungen des Apostels Petrus und wenden allen Fleifs an, dafs unser Glaube nach innen und aufsen,
nach oben und unten, vor Gott und den Menschen sich allseitig und vollkommen ausbilde.

Vollkommen seinem inneren Wesen nach: wir reichen
dar in und mit dem Glauben die Tugend und in der Tu-
gend die Erkenntnifs. Der Glaube verlangt eine sittliche
Tüchtigkeit und Mannhaftigkeit im Gegensatz zur sittlichen
Schlaffheit und Knechtung durch das Lustverderben der
Welt, die Rüstigkeit zu guten Werken, den unermüdlichen
Kampf gegen alles Böse, „eine Beschaffenheit, welche sich in
dem Thun dessen, was recht und gut ist, kund gibt" (Hof-

mann). Der Glaube empfängt das Leben, das aus Gott kommt, und diesem Leben sich hingeben, in ihm und von ihm gekräftigt wirken ist Dankes- und Kindespflicht (Harleſs). Die Rechtschaffenheit, die Rechtthätigkeit ist gewissermaſsen das Gewand der Rechtgläubigkeit, das richtige Handeln aber hängt seinerseits vielfach von einem klaren, gesunden Urtheil ab. Darum soll auch die sittliche Tüchtigkeit zur geistigen Tüchtigkeit führen. Und die letztere, merkt es wohl, ist die Folge der ersteren. Ganz in Uebereinstimmung mit Jesu Christo: So Jemand will den Willen thun defs, der ihn gesandt hat, der wird inne werden, ob diese Lehre von Gott sei oder ob ich von mir selbst rede (Joh. 7,17). Die Klarheit des Geistes hängt ab von der Heiligung des Herzens. Wir reichen dar in der Tugend die Erkenntniſs d. h. die Einsicht, die Klarheit, das Verständniſs. Nicht blofs die praktische, maaſsvolle Erkenntnifs, welche der Tugend Maaſs, Halt und Ziel gibt oder die Einsicht, welche Alles richtig würdigt, sodaſs man das Gutgemeinte auch richtig thut, also im Grunde nur Takt und Klugheit, sondern Gottes- und Glaubenserkenntnifs. Der lebendige Glaube fordert eine klare Erkenntnifs. Wir haben geglaubt und erkannt — bezeugen die Jünger. Ich weiſs, an welchen ich glaube — bekennt der Apostel Paulus. Seid allezeit bereit zur Verantwortung gegen Jeden, der von euch Rechenschaft fordert über die Hoffnung, die in euch ist — mahnt der Apostel Petrus in seinem ersten Briefe (3,15). Ein lebendiger Glaube übt sich in der Tugend und befestigt sich in der Erkenntnifs.

Wie nach innen, so trachtet er ferner vollkommen zu werden nach aufsen: wir reichen dar in der Erkenntnifs die Mäſsigung, in der Mäſsigung die Geduld. Die Erkenntnifs kann vieles an sich für zulässig erachten; der Glaube aber muſs erleuchtet genug sein, um selbst das erlaubte aufzugeben, wenn es ihm oder dem Nächsten oder der Gemeinde unzuträglich ist. Die rechte Erkenntnifs führt zur Mäſsigung in allem Wandel, Wort und Werk, zur Selbstbeherrschung. Ich habe es Alles Macht, lehrt der Apostel Paulus, aber es frommt nicht Alles; ich habe es Alles Macht, aber es bessert nicht Alles (1. Cor. 10/23). Wir aber, die wir stark sind, bemerkt er anderswo, sollen der Schwachen Gebrechlichkeit tragen und nicht uns selbst gefallen wollen. Ein jeder unter uns wolle seinem Nächsten zum Guten gefallen zur Erbauung (Röm. 15/1—2) oder: den Schwachen bin ich geworden als ein Schwacher, auf dafs ich die Schwachen gewinne. Ich bin Jedermann allerlei geworden, auf dafs ich allenthalben ja Etliche selig mache (1. Cor. 9 22). Bei allen seinen Worten und Werken bestimmt den Gläubigen die Rücksicht auf das, was frommt und bessert. Und dieses Bestreben zieht nach sich die Freundlichkeit, die Sanftmuth, die G e d u l d. Es kann uns auch schlimmes zustofsen, arges widerfahren: Die Erschwerung aber darf für den Christen keine Störung werden. Er reicht dar in der Mäfsigung die G e d u l d, die standhafte Ausdauer. Wer von Gottes Langmuth lebt, übt und pflegt die Geduld. Da ist kein Murren oder Zürnen, kein Richten oder Verdammen, kein Verzagen oder Verzweifeln: der Christ läuft durch Geduld in dem Kampf, der ihm verordnet ist (Ebr. 12/1). Und diese Geduld liegt nicht etwa in seiner natürlichen Anlage oder in der Trägheit und Gleichgültigkeit, sie wurzelt vielmehr in der Ehrfurcht gegen Gott, in der G o t t s e l i g k e i t. Die Geduld ist keine selbstgefällige, gefühllose, tugendstolze Abhärtung, sondern eine in der Liebe zu Gott wurzelnde Ergebung.

Darum bildet sich der Glaube wie nach innen und aufsen, auch nach oben und unten weiter aus. Wir reichen dar in der Geduld die G o t t s e l i g k e i t und in der Gottseligkeit die b r ü d e r l i c h e L i e b e und in der brüderlichen Liebe die a l l g e m e i n e M e n s c h e n l i e b e. Wir sind geduldig, weil wir Alles aus der Hand Gottes entgegennehmen und in Allem die Zulassung oder Zusendung Gottes erkennen. Wir wissen und glauben, dafs der Herr es ist, der da tödtet und lebendig macht, der in die Hölle und aus der Hölle führt (1. Sam. 2/6) und diese Gewifsheit verleiht uns die Kraft unter allen Verlockungen und Anfechtungen, Kämpfen und Angriffen, mit

dem Psalmisten zu Gott zu beten: Führe meine Sache und
erlöse du mich (Ps. 119,154). Wie in allen Dingen, so er-
blicken wir ferner Gott in allen Menschen, die uns begegnen.
Die Gottseligkeit führt uns zur brüderlichen Liebe.
Wie könnten wir diejenigen nicht lieben, die gleich uns
beten: Unser Vater? Sie sind ja Fleisch von unserem
Fleisch, Bein von unserem Bein; sie gehören zu unserer Familie. Und ist Gott der Vater aller Menschen, so erweitert
sich die brüderliche Liebe naturgemäfs zur allgemeinen
Menschenliebe. Ruht der Brudersinn auf der allgemeinen
Gotteskindschaft, so beruht die Bruderliebe auf der gemein-
samen Vaterliebe. Die Liebe zu Gott schliefst in sich die
Liebe zu allen seinen Kindern, zu allen unseren Brüdern.

In dieser Weise wächst allmählich der Glaube aus der
Liebe heraus und in die Liebe hinein. Die göttliche Liebe
führt uns dorthin zurück, woher sie gekommen: zum göttlichen Herzen. Und vollkommen ist unser Christenstand erst
dann, wenn wir die sämmtlichen Stufen, welche zu dieser
Höhe führen, eine nach der anderen, erklommen haben. „Das
Christenthum fördert allseitige Ausbildung des menschlichen
Herzens. Alle Tugenden stehen in Verwandtschaft mit einander, sie bilden eine Kette, machen einen harmonischen Chor
aus. Das Christenthum vereinigt alles in sich, was andere
Sittenlehren, Systeme, Religionen, Gutes und Wahres haben;
es bringt erst alles zur Einstimmung; es nimmt den ganzen
Menschen in Anspruch, es bildet zur Vollkommenheit, Gott-
ähnlichkeit (wie sie in Plato angedeutet wird), es lehrt die
weise Mäfsigung, das rechte Maafs in Allem (Aristoteles), es
stärkt zur Selbstbeherrschung (Stoiker) es lehrt die rechte
Natureinfalt (Cyniker), es führt die Menschen zur Seligkeit
(Epicur)" (Heubner).

Und dieser schöne Kranz von Tugenden, diese lange
Kette von guten Werken, ist das unerläfsliche Lebenszeichen
unseres Christenthums.

„Denn wenn solches bei euch vorhanden und
in Zunahme begriffen ist — bemerkt der Apostel

Petrus — stellt es euch als nicht unthätig und unfruchtbar dar hinsichtlich der Erkenntnifs des Herrn Jesu Christi. Wem hingegen solches fehlt, der ist blind, kurzsichtig, indem er vergessen hat die Reinigung seiner früheren Sünden." Der Christ hat nämlich die Erkenntnifs, folglich mufs diese Erkenntnifs nunmehr ihr Dasein durch die That offenbaren, beglaubigen. Wie der Baum durch seine Früchte, so erweist sich die Erkenntnifs lebendig durch die Werke des Glaubens. Mit der Erkenntnifs erhalten wir eine Fülle von Lebenskraft, in der Entfaltung der Lebenskraft bewährt sich die Erkenntnifs. Jeder reine Ton hat seinen Nachklang, jede reine Erkenntnifs hat ihre Nachwirkung. Die Nachwirkung ist die Pflege, die Mehrung der früher erwähnten Tugenden. Nur insofern als unser Leben nach der Erkenntnifs beschaffen, und diese Erkenntnifs in Thaten umgesetzt, durch Thaten lebendig erhalten wird, kommen wir als Leute zu stehen, die nicht unthätig, noch unfruchtbar sind. Mit anderen Worten, das Thun mufs in Einklang stehen mit unserem Glauben, das Leben mufs der Fortklang werden unserer Lehre. Jesus that und lehrte. Bei seinen Jüngern ist die Erkenntnifs die Quelle des Lebens, des Fortschrittes. Was hilft es, so Jemand sagt, er habe den Glauben und hat doch die Werke nicht (Jac. 2/14)? Er ist unthätig und unfruchtbar. Und das Ende eines solchen unnützen Menschen? Jesus läfst uns darüber keinen Zweifel: Ein jeglicher Baum, der nicht gute Früchte bringt, wird abgehauen und ins Feuer geworfen (Matth. 7/19). Diesem Ende kann er nicht entgehen, denn, fährt der Apostel fort, wem diese Dinge (Tugenden) fehlen, der ist „blind, kurzsichtig, indem er die Reinigung seiner früheren Sünden hat in Vergessenheit kommen lassen." Er ist blind, er sieht, er kennt Jesum nicht, er tappt im Dunkeln, in der Finsternifs umher. Was hat aber das Licht für Gemeinschaft mit der Finsternifs (2. Cor. 6 14)? So wir sagen, dafs wir Gemeinschaft mit ihm haben und wandeln in Finsternifs, so

lügen wir (1. Joh. 1/16). Und lügen wir nicht absichtlich,
vorsätzlich, sind wir noch nicht vollständig erblindet, so sind
wir doch mit Kurzsichtigkeit behaftet. Haben wir die
Wegreinigung unserer früheren Sünden vergessen, die Wegreinigung, die uns zu Theil geworden, als wir uns mit der
Bitte zu Gott um ein gutes Gewissen auf den Namen Jesu
taufen, mit dem Wasser der Taufe unsere Sünden wegwaschen
liefsen, denken wir nicht mehr daran, dafs die Taufe der
Bund eines guten Gewissens mit Gott sei (1 Petri 3/21),
so sind wir zweifelsohne kurzsichtig geworden. Wir sehen
zwar das uns unmittelbar Gegenwärtige, dafs wir ein Glied
der christlichen Gemeinde sind, aber wie wir es geworden
und wie die Wegreinigung unserer früheren Sünden uns verpflichtet von ferneren Sünden uns rein zu halten, mit der
Heiligung in der Furcht Gottes fortzufahren (2 Cor. 7/1), das
leuchtet uns nicht mehr ein. „Wir sind blind für das Wesen
des Christenthums oder vielmehr, da wir doch Christen sein
wollen, also in soweit sehende Augen haben, um die Hoffnung des Christen werth zu achten, haben wir kranke Augen,
denen der Zusammenhang zwischen der christlichen Hoffnung
und einem der Taufe entsprechenden Wandel entgeht" (Hofmann). Unsere Erkenntnifs ist gewissermafsen eine todtge-
borene, das Licht ist in uns Finsternifs geworden (Luc. 11/35)
und weil ohne Heiligung Niemand den Herrn sehen wird (Ebr.
2 14), bleibt unser Leben dem Tode, dem Verderben verfallen.

„Darum Brüder, wendet vielmehr Fleifs an, um
euere Berufung und Erwählung fest zu machen:
denn wo ihr solches thut, werdet ihr nie fallen."

Auf die göttliche Entfaltung wird dann die himmlische
Krönung folgen. Zunächst insofern als wir hienieden dem
Ziele unserer Berufung und Erwählung mit allem Ernste nachjagen. Statt der empfangenen Sündenvergebung zu vergessen,
befleifsigen wir uns vielmehr den Glauben durch Werke zu
krönen, damit die Absicht der Berufung und Erkürung nicht
dahinfalle. Die Festmachung der Berufung und Erwählung
liegt somit in unserer Hand. Die Berufung geht von Gott

aus, die Erwählung nicht minder, aber zur Befestigung ist unsere Mitwirkung unentbehrlich. „Wir verwerfen daher diejenigen, welche aufser Christo fragen, ob sie von Ewigkeit erwählt seien und was Gott vor aller Ewigkeit über sie beschlossen habe. Man soll vielmehr die Predigt des Evangeliums hören und ihr glauben, und für unzweifelhaft halten. Wenn du glaubst und in Christo bist, so bist du erwählt. Ein gewifs einleuchtendes und festes Zeugnifs, dafs wir in das Buch des Lebens eingeschrieben sind, werden wir haben, wenn wir mit Christo Gemeinschaft haben und er durch wahren Glauben unser ist und wir sein." (Dr. C. A. Witz: die zweite helvetische Confession, S. 56.) Die Erweisung des Glaubens ist die faktische Bestätigung unserer Erwählung. Ist das Glaubensleben vorhanden, dann stehen wir im Buche des Lebens. Die Berufenen sind die Auserwählten und die Auserwählten selbst werden, sofern sie in der Gnade Gottes beharren, niemals verunglücken auf dem Weg, auf den sie Gott gestellt hat. Zwar können sie noch erlahmen, ermatten, vielleicht auch straucheln, aber bleiben sie treu in dem Kampf gegen die Sünde, in der Darreichung aller Tugenden welche die Früchte des Glaubens sein sollen, dann wird ihr Kampf, ihre Treue mit Sieg gekrönt. Die Tugend kann demnach — und es ist nicht überflüssig dies zu betonen — die Vergebung der Sünden, die Seligkeit nicht erwirken, aber sie sichert uns vor dem Verlust der Gnade. Sie ist nicht, wie katholischerseits oft behauptet wird, die Wurzel des Heils, sie ist aber, was die strengen Praedestinianer manchmal übersehen, die Schutzwehr der Gnade, eine Bürgschaft des Heils. Wer seine Gebote hält, der bleibt in ihm und er in ihm. Und daran erkennen wir, dafs er in uns bleibet, an dem Geist, den er uns gegeben hat (1 Joh. 3,24). Wer treu sich erwiesen, wacker gekämpft, wird endlich droben mit Preis und Ehren gekrönt.

„Denn, versichert der Apostel, so wird euch reichlich dargereicht werden der Eingang in das ewige Reich unseres Herrn und Heilandes Jesu Christi."

Wer sich's ernstlich angelegen sein läfst, ins Reich Gottes zu kommen, dem wird der Eingang in Christi Reich weit und breit geöffnet werden. Nicht gebückt und gedrückt, nicht kriechend und klagend, sondern mit aufgerichtetem Haupte, fröhlichen Herzens, jubelnd, frohlockend, treten wir ein. Reich ist der Kranz, die Kette der Tugenden, reichlich die Gnadengabe des Einganges. Die Darreichung der Früchte des Glaubens erwiedert Gott mit der Gegendarreichung des Einganges und der Eingang selbst entspricht gewissermafsen dem Umfang des Glaubenslebens. Die treuen unermüdlichen Knechte und Mägde werden „gleich mit Prangen dahinfahren und mit Freuden hinein springen in jenes Leben" (Luther). Mittelst der Erkenntnifs dessen, der uns berufen hat, erlangen wir alles, was zum Leben, zur Frömmigkeit gehört, mittelst der Treue sichern wir uns Alles, was das Reich Christi uns darbietet. Mit anderen Worten, der „lebendige, wohlgeübte und getriebene Glaube" (Luther) führt in den Himmel ein.

So entsteht, wächst und siegt das christliche Glaubensleben. Vom Himmel stammt es, nach dem Himmel trachtet es, zum Himmel führt es. Es steigt von den himmlischen Höhen herab um uns durch die Schule der Heiligung zur ewigen Herrlichkeit vorzubereiten. Die himmlische Gabe fordert unbedingt, fast möchte ich sagen als Gegenleistung, das Leben in Gott.

Eine ernste, eindringliche Ermahnung, für manche vielleicht eine bittere Ueberraschung. Wie dem auch sei, es steht geschrieben, dafs das Wurzeln und Wachsen im Glauben ein unentbehrliches Kennzeichen des ächten Christenstandes sei. Darum lafst uns allen Fleifs anwenden, um die Unfruchtbarkeit, die Trägheit, die Blindheit, die Kurzsichtigkeit zu bekämpfen, die Berufung und Erwählung festbeständig zu machen und Gott bitten, dafs er seine Gnade und seine Kraft uns schenke und mehre durch die Erkenntnifs Gottes und unseres Herrn Jesu Christi. Dann wird unserem Glauben, nach der göttlichen Entstehung, die heilige Entfaltung, die himmlische Krönung verliehen werden.

Der feste Glaubensgrund.

II. Petri 1/12—21.

Ihr habt die ersten eindringlichen Ermahnungen des Apostels vernommen. Ihr erinnert euch, wie er seine Leser aufgefordert hat, allen Fleifs daran zu wenden in ihrem Glauben, den schönen Kranz christlicher Tugenden darzureichen, sich in der Erkenntnifs Jesu nicht faul, nicht unfruchtbar zu erweisen, ihre Berufung und Erwählung festbeständig zu machen, der Apostel gibt nun die Gründe an, welche ihn bewegen, solche Ermahnungen an sie zu richten. Er, der so ernstlich das Eingreifen in ein fremdes Amt verbietet, weist seine eigene Vollmacht vor. Er, der von allen Christen verlangt, dafs sie bereit seien Rechenschaft zu geben von ihrer Hoffnung, rechtfertigt seinerseits die Vollmacht selbst. Er setzt seinen Lesern in ausführlicher Weise auseinander warum, wozu und mit welchem Rechte er sie ermahnt. Diese V e r - a n l a s s u n g , B e s t i m m u n g und B e r e c h t i g u n g seiner Ermahnungen bilden den Inhalt des verlesenen Abschnittes, den Gegenstand unserer Betrachtung.

Die V e r a n l a s s u n g ist eine doppelte: eine sachliche und eine persönliche. Die erste findet der Apostel in der ausschlaggebenden Bedeutung unseres Glaubenslebens, die zweite in der eigenen Berufspflicht.

„D a r u m w e r d e i c h . . . ." Warum? Weil der Eingang in das ewige Reich unseres Herrn und Heilandes bedingt ist durch die Darreichung der christlichen Tugenden. Der Apostel bezieht sich auf den unmittelbar vorausgegangenen Ausspruch. Der frühere Satz lautet dahin, dafs derjenige, welcher seinen

Ermahnungen nachlebt, sicherlich den Eingang in das ewige
Reich offen und zwar weit offen finden werde. An diesen
Gedanken knüpft er nun seine weiteren Bemerkungen an. Die
Verheifsung, die Hoffnung der Gottseligkeit sowie deren Vor-
aussetzung und Forderung veranlafst ihn zu schreiben, zu
mahnen. Die Gröfse des Verlustes, die Höhe des Gewinnes,
die aufserordentliche Bedeutung einer für Zeit und Ewigkeit
maafsgebenden Entscheidung drängt ihn dazu. Hängt der Eingang in Christi Reich von unserer Treue ab, wird der Gnaden-
lohn der Treue nach der Ausbildung unseres Glaubenslebens
bemessen, dann ist doch unser Wandel hienieden von entschei-
dender Bedeutung. Wer nun die Tragweite dieser Entscheidung,
das Verhältnifs zwischen zeitlicher Aussaat und ewiger Ernte
kennt, kann nicht umhin darauf hinzuweisen, dem gemäfs zu
warnen. In diesem Falle befindet sich der Apostel. Das herrliche Ziel unserer himmlischen Berufung steht ihm vor Augen;
er überblickt den Weg, der dahin führt; verfolgt die gerade
Richtung, die einzuhalten ist; kennt genau die Hindernisse,
welche einem begegnen, weifs auch, welche Vorsichtsmaafsregeln
zu beobachten sind, um unterwegs nicht zu verunglücken; sieht
klar und deutlich den Zusammenhang zwischen der Beobach-
tung aller dieser Vorsichtsmaafsregeln und unserem Fortgang,
unserer Ankunft — darum ertheilt er die nöthigen Rathschläge.
Er kann, er darf nicht schweigen. Ist er selbst von der grofsen
Tragweite unseres Glaubenslebens durchdrungen, so mufs er
seine Stimme warnend erheben. Sonst wäre er mit verant-
wortlich für unsere Unthätigkeit, Unfruchtbarkeit, Blindheit
oder Kurzsichtigkeit. Auch würde sein Schweigen beweisen,
dafs er selbst den Zusammenhang zwischen Zeit und Ewigkeit
verkennt oder unterschätzt. Doch nein. Die Verheifsung der
Gottseligkeit ist ihm so kostbar, dafs er sie allen Berufenen
sichern möchte, und die Bedingung, an welche sie geknüpft
ist, kennt er so genau, würdigt er so vollkommen, dafs er
nicht umhin kann zu warnen, zu mahnen.

  Und so kostbar die Verheifsung, so heilig ist ihm sein
Beruf. Er darf die Erwählten Christi nicht ohne Warnung

lassen. Du Menschenkind — hat einst Gott zu dem Propheten Hesekiel gesprochen — rede zu den Söhnen deines Volkes und sprich zu ihnen: wenn ich ein Schwert über das Land führen würde und das Volk im Lande nähme einen Mann unter ihnen und machten ihn zu ihrem Wächter; und er säbe das Schwert kommen über das Land und bliese die Trompete und warnte das Volk: wer nun der Trompete Hall hörete und wollte sich nicht warnen lassen, und das Schwert käme und nähme ihn weg, desselbigen Blut sei auf seinem Kopf. Denn er hat der Trompete Hall gehöret und hat sich dennoch nicht warnen lassen, darum sei sein Blut auf ihm. Wer sich aber warnen läfst, der wird sein Leben davon bringen. Wo aber der Wächter sähe, das Schwert kommen und die Trompete nicht bliese, noch sein Volk warnte und das Schwert käme, und nähme etliche hinweg; dieselben würden wohl um ihrer Sünde willen weggenommen, aber ihr Blut will ich von des Wächters Hand fordern. Und nun, du Menschenkind, ich habe dich zu einem Wächter gesetzt über das Haus Israel, wenn du etwas aus meinem Munde hörest, dafs du sie von meinetwegen warnen sollst (33,2—7). Ein ähnliches Wächteramt hat auch er erhalten. Jesus hat ihm einst den Auftrag ertheilt: Weide meine Lämmer, weide meine Schafe — diesem Auftrag entsprechend will er weiden und warnen. „Ich achte es aber für Pflicht — schreibt er — solange ich noch in der Hütte bin...." So lange Gott ihm das Leben erhält, so lange wird er die Trompete blasen, die Mahnstimme erheben. Keine Mühe soll ihm zu schwer, kein Opfer zu grofs erscheinen. Was er zu thun vermag, will er gern leisten, mit Freuden vollbringen, um sie vor Gefahren zu schützen, sie weiter zu bringen auf dem Weg des Heils, darauf Gottes Gnade sie gestellt. Oder sollte er einst sein Haupt niederlegen mit dem trostlosen, herzzerreifsenden Vorwurfe, dafs er seine Zeit nicht gehörig ausgenutzt, sein Wächteramt nicht gewissenhaft ausgeübt, seinen Beruf nicht treu gepflegt hat? Nein. Je näher sein Ende herannaht, desto unermüdlicher wird er seine Liebesthätigkeit entfalten. Und dieses Ende, kann es nicht morgen, heute eintreten? Er will stets bereit sein dem Rufe Gottes, wann immer, mit ruhigem Gewissen zu folgen. Darum warnt er so lange es Tag ist. Zumal die Nacht ihn auf einmal, ganz unvermittelt überfallen kann. „Denn ich weifs — sagt er — dafs die Ablegung meiner Hütte schnell erfolgt, wie es mir auch unser Herr Jesus Christus kund ge- than hat." Schnell, plötzlich kann die Abberufung erfolgen. Und darauf mufs er umsomehr gefafst sein, als Jesus Christus ihm ein solches Ende vorausgesagt hat. Das Fleisch ist wie Gras und alle Herrlichkeit des Menschen wie des Grases Blume, — Verwelken und Vergehen ist das Loos aller Erden- kinder. Bei dem Apostel aber kann diese Herrlichkeit, soviel er weifs, mit einem Schlage vernichtet werden. Wahrlich, wahrlich ich sage dir — hatte Jesus ihm eröffnet — da du jünger warest, gürtetest du dich selbst und wandeltest, wo du hin wolltest; wenn du aber alt wirst, wirst du deine Hand ausstrecken und ein Anderer wird dich gürten und führen, wo du nicht hin willst (Ev. Joh. 21/18) — diese Aussage des Herrn bleibt ihm gegenwärtig. Er fühlt sich umsomehr verpflichtet, „seine Lebenszeit zur Ermunterung der Gläubigen auszunutzen, weil er weifs, dafs sie ein plötzliches Ende nehmen wird, das ihm nicht gestattet angesichts desselben das vorher aufge- schobene noch zu thun." So veranlafst ihn, einerseits die Kostbarkeit der Verheifsung, andererseits die Berufstreue ernst und eindringlich zu mahnen. Die Liebe Christi dränget ihn: er achtet, für sich wie für seine Mitmenschen, alles für Schaden aufser der Erkenntnifs Jesu Christi, aufser dem Heile, das uns in Christo dargeboten wird. Darum bittet, ermahnt und warnt er, dafs sie das Eine, was Noth thut, ja nicht verlieren noch verscherzen!

Ein herrliches Vorbild! Dafs es uns doch zur Aneiferung dienen möchte! Oder ist uns die Verheifsung der Gottselig- keit bereits so kostbar, so werthvoll geworden, dafs es uns drängt und treibt, sie unseren Nebenmenschen zu vermitteln, unseren Glaubensgenossen zu sichern? Haben wir die Ver- pflichtungen unseres Christenstandes, unseres göttlichen Berufes schon so zu Herzen genommen, dafs wir jede Versäumnifs, jede Unterlassung als eine Sünde, als einen Verrath an Jesu Christo erkennen? Uebt der Todesgedanke solch' eine heilsame Wirkung auf uns, dafs wir es nicht lassen können die Werke des Vaters zu thun solange es Tag ist? Sind diese und ähnliche Erwägungen maafsgebend für unser Thun und Lassen? Richtet sich darnach unser Wirken im Haus, in der Schule, in der Kirche, in dem Staate? Gestaltet sich demgemäfs unser Verkehr mit Eltern und Kindern, Brüdern und Freunden? Leuchtet über unserem Sein und Wesen, Denken und Fühlen, Hoffen und Streben solch' ein Strahl himmlischer Herrlichkeit? Bemühen wir uns jenen Einflufs und nur den auszuüben, welcher den Gottlosen zum Heil, den Gleichgültigen zur Ermunterung, den Gläubigen zur Kräftigung gereicht?

In diesem Geiste wirkt der Apostel. Solange er in dieser Hütte ist, wird er ihnen geistliche Gaben mittheilen, sie zu stärken (Röm. 1/11). Mehr noch. Er will diese Mittheilung selbst über das Grab hinaus ausdehnen. „Ich werde mich aber darum bemühen — verspricht er — dafs ihr euch je und je nach meinem Ende daran erinnern könnet." Die Ermahnungen, die er ihnen, solange er lebt, schuldig zu sein glaubt, wird er ihnen schriftlich hinterlassen, damit sie ihnen auch nach seinem Tode zu Nutze seien. Er will es sich angelegen sein lassen, dafs sie die Worte, die Unterweisungen, wodurch er sie erinnert hat, bleibend besitzen. Verspricht er nun damit ein „neues Denkmal solcher Mahnung" oder eine wortgetreue Abschrift von seinen Briefen oder eine ausführlichere Begründung seiner Unterweisungen?, — wie dem auch sei, es ist ihm darum zu thun, dafs seine seelenschützende Thätigkeit nicht mit dem Tode aufhöre. Ueber das Grab hinaus soll seine Mahnstimme fort und fort erklingen. „Je und je, wann immer Anlafs dazu ist, sollen sie auch nach seinem Heimgange sich dessen erinnern können, wozu er sie ermahnt hat, als er sie aufforderte in und mit ihrem Glauben alle in ihm beschlossene Tugend darzureichen" (Hofmann).

Andere sind nur darauf bedacht, große Reichthümer zu-
rückzulassen, er sorgt dafür, daß ihnen der Schatz erhalten
bleibe, den Motten und Rost nicht fressen. Andere geben
sich Mühe den Kindern oder Freunden das irdische Fort-
kommen zu erleichtern, er will ihnen die ewige Zukunft sichern.
Seine eigene Erlösung erinnert ihn an die kostbaren, hochwerthen Verheißungen der Gottseligkeit, der Gedanke an den
Tod stellt ihm vor Augen die Herrlichkeit, zu welcher er berufen ist; diese Erinnerung begeistert sein Herz, erwärmt sein
Gemüth, belebt seine Liebe und er möchte — ach wie gerne!
— alle nach sich ziehen, daß sie Gottes Angesicht schauen
und Jesum sehen wie er ist. Was ihn zu schreiben veranlaßt,
ist die Dankbarkeit für Gottes Gnade und seine Erkenntniß
der Heilsbedingungen, das Bewußtsein seiner Verantwortlich-
keit oder die liebevolle Fürsorge um der Christen Heil.

Und dieser Veranlassung entsprechend ist auch die Bestimmung seines Schreibens. Er will sie „erinnern.“ Die
erwählten Fremdlinge brauchen keinen weiteren Unterricht
mehr. Sie kennen die frohe Botschaft des Heils, sie wissen
die Dinge alle, davon er gesprochen: „die Wahrheit weilt
unter ihnen.“ Sie erfreuen und getrösten sich ihrer Gegenwart. Mehr noch, sie sind in diese Wahrheit eingesenkt, sie
wurzeln darin, sie stehen fest in ihr. Sie wissen, was
die göttliche Gnade schenkt, verheißt und fordert. Der ganze
Heilsplan liegt entrollt vor ihren Augen, die ganze Heilspflicht
ist ihnen ihrem vollen Umfange nach bekannt. Darum werde
ich euch stets an diese Dinge erinnern, „obschon — bemerkt
der Apostel ausdrücklich — ihr sie wisset und in der
vorhandenen Wahrheit fest gegründet seid.“ Der
Apostel hat in seinen Belehrungen und Unterweisungen nichts
versäumt noch übersehen. Er hat die Christen insgesammt
und jeden Einzelnen insbesondere, die Aeltesten wie die
Jungen, die Herren wie die Knechte, die Männer wie die
Weiber, die Bedrängten wie die Freien so eingehend unterrichtet, daß er mit Recht von ihnen verlangen konnte: seid
allezeit bereit zur Verantwortung Jedermann, der Grund fordert

der Hoffnung, die in euch ist. Zur Ergänzung und Erweiterung der Heilserkenntnifs braucht er nichts mehr beizutragen. Sein Schreiben hat einen anderen Zweck. Es ist bestimmt die Leser zu e r i n n e r n. Blofs zu erinnern? Ja, und das ist nichts geringfügiges, nichts überflüssiges: die klare volle Erkenntnifs entbehrt leider nur zu oft der frischen Erinnerung. Die Heilswahrheit kann im Kopfe vorhanden sein, ohne im Herzen zu weilen, nach oben hin leuchten, ohne nach rechts und links ihre Strahlen auszusenden, die Denkkraft beschäftigen, ohne das Handeln zu bestimmen. So war es damals, so ist es noch heute. Woher denn dieser Gegensatz, dieser grelle, grofse Abstand, der so häufig zwischen Rechtgläubigkeit und Rechtthätigkeit besteht? Ist dieser Widerspruch absichtlicher Ungehorsam? Nein, sonst wären die Berufenen bereits von der Gnade abgefallen. Oder ist es natürlicher Leichtsinn? Nein, denn sie kennen des Lebens Ernst, der Erwählung Werth. Der Widerspruch zwischen Glauben und Leben erklärt sich durch den Mangel an Erinnerung. Sie wissen, aber sie denken nicht daran, das Wissen stellt sich nicht zur rechten Zeit ein, es bleibt abwesend, wo es gegenwärtig sein sollte.

Ein solches widerspruchsvolles Christenthum leidet an Gedächtnifsschwund. Das Wissen ohne Erinnerungsvermögen ist ein unfruchtbares, ein todtes Wissen. Im Reiche Gottes geradeso wie anderswo. Wer sind denn im gewöhnlichen Leben die tüchtigsten Leute? Diejenigen, welche Wissen auf Wissen aufhäufen, aber nicht die Fähigkeit haben, dasselbe zur rechten Zeit anzuwenden oder diejenigen, welche Geistesgegenwart, Erinnerungsvermögen genug besitzen, um über ihr geringes Wissen mit gröfserer Schlagfertigkeit und Gewandtheit zu verfügen? Gewifs die letzteren. Die zeitgemäfse Erinnerung verleiht unserem Wissen seinen praktischen Werth. Die Erinnerung ist die Flüssigmachung des geistigen Capitals, die Ausprägung des Goldklumpens in laufende Münzen. Gerade so verhält es sich mit dem Glaubensleben. Die Heilserkenntnifs fordert die Heilserinnerung. Sonst ist das Glaubensleben gefährdet.

Wie viele Sünden und Unterlassungen verschuldet doch
die Gedächtnifsschwäche! Könnten die Christen lügen, betrügen, lästern, freveln, fluchen, wenn Gottes Wesen, Gottes
Wille ihnen gegenwärtig bliebe? Könnten sie bei lebendiger
Erinnerung an die Verheifsungen des himmlischen Vaters jemals verzagen, verzweifeln? Und wenn der Gedanke an den
Tod, an das ewige Gericht sie auf Schritt und Tritt be-
gleitete, würden sie es wagen der irdischen Lust zu fröhnen,
der Welt zu dienen? Hätten sie diesen traurigen Muth, dann
wäre ihr Widerstand Verstocktheit, Sünde wider den heiligen
Geist, ewiger Tod. Hier aber ist nicht von Verstocktheit die
Rede, sondern von Nachlässigkeit und Gleichgültigkeit. Diesen
Zustand verschuldet die Gedächtnifsschwäche. Und täuschen
wir uns nicht, in religiösen Dingen sind wir gar leicht
vergefslich. Was man gern gelernt hat, pflegt man gern
weiter fort. Die christlichen Forderungen aber sagen dem
natürlichen Menschen nicht zu, darum lernt er sie so mühsam
und darum auch — denn der natürliche Mensch ist selbst
im Christen nicht ganz ausgestorben, — behält er sie so
schwer. Niemand bedarf der fortwährenden Auffrischung des
Gedächtnisses so sehr als der Christ, und nirgends, Gott sei
es geklagt, pflegt man sie so wenig wie unter (Namen?)
Christen. Was Wunder, wenn die Erkenntnifs allmählich
zusammenschrumpft, sich verknöchert und jeder Einwirkung
auf das Leben baar wird! Wie sieht es doch in einer Kirche
aus, welche sich nicht mehr an das Wort Gottes erinnert!
Wie starr und steif wird die theologische Wissenschaft, das
religiöse Denken, das christliche Leben, wenn die Offenbarung Gottes vergessen oder durch menschliche Fündlein
verdrängt wird! Wie nothwendig ist es doch, das alte Bibel-
wort täglich zu lesen, aus der frischen Quelle ununterbrochen
zu schöpfen, fort und fort von dem lebendigen Geiste aus
Gottes Wort sich anwehen zu lassen, um dadurch immer
wieder aufs neue erinnert und durch die Erinnerung erfrischt,
belebt, erquickt, gestärkt zu werden!

Der Apostel hat diese Nothwendigkeit erkannt, darum

schreibt er, um zu erinnern „u n d d u r c h d i e E r i n n e r u n g
w a c h z u h a l t e n" (V. 13). Diese letzteren Worte hat man
weniger beachtet. Mit Unrecht. Es findet sich darin eine
weitere Entwicklung des früheren Gedankens. Der Apostel
sagt ausdrücklich, wozu die Erinnerung dienen soll. Sie soll
uns aus dem Schlafe herausrütteln, uns auferwecken und
wachhalten. Mit der Erinnerung allein ist's nicht gethan.
Wie oft fliegen die Erinnerungen an uns vorüber ohne zu
halten, ohne zu haften! Ein Gedanke drängt und treibt den
anderen mit aller Gewalt vor sich hin und was bleibt schließ-
lich von all' diesen Eindrücken und Empfindungen zurück?
Meist nur ein dumpfes Gefühl von Mattigkeit. Wie oft
stürmen die Erinnerungen aus dem früheren Glaubensleben
auf uns ein und erwecken in uns nichts anderes, als bittere
Empfindungen, arge Verzweiflung. So darf es bei einem gesunden Christenstande nicht sein. Die Erinnerung an die
Glaubensverheißung und an die Glaubensverpflichtung soll
belebend auf uns wirken und uns w a c h h a l t e n. Uns wachhalten, nicht uns die Freude an dem Leben trüben oder in
uns die Sehnsucht nach dem Tode wecken, sondern zu neuem
Streben und Leben ermuntern, mit neuer Kraft ausrüsten, zu
fruchtbarer Bethätigung unseres Wissens erwecken, mit anderen Worten, eine wachsame Erinnerung soll die lebendige
Quelle unserer wachsenden Heiligung werden. Je mehr wir
uns erinnern an das, was Gott für uns gethan, desto mehr
werden wir uns befleißigen unsere Dankbarkeit zu bezeugen.
Je inniger die Dankbarkeit, desto reiner und treuer das
Glaubensleben. Die Erinnerung wirkt auf unser ganzes
Glaubensleben, -laufen und -kämpfen, ich möchte sagen, wie
eine geistige Dampfkraft: sie setzt Alles in Bewegung und
treibt es unaufhaltsam vorwärts. Die Schlafenszeit ist vorüber, wir sind auf unserer Hut und haben Acht. Die wa-
chende Erinnerung wird gleichsam die Seele des ganzen
christlichen Lebens. In der That, was ist die Heiligung
selbst? Die lebendige Erinnerung an den Gott, vor welchem
keine Sünde besteht, der den Erdboden richtet mit Gerechtig-

keit und die Völker mit Wahrheit (Ps. 96,13). Was ist das
Wachsen in der Heiligung? Die zu immer neuer Dankbarkeit
anregende Erinnerung an die wunderbare Treue unseres Gottes
in Christo Jesu. Worin besteht der Werth der Heiligung?
In der lebendigen Erinnerung an die Gnade unseres Herrn
und Heilandes Jesu Christi.

Diese Erinnerung zu wecken, wachzuhalten und also zu
stärken, dafs sie uns antreibe Gutes zu thun und nicht müde
zu werden (Gal. 6,9) — das ist der Zweck des apostolischen
Schreibens. Die Sorge für das Heil der Brüder, welche mit
ihm denselben Glauben theilen, veranlafst und bestimmt und
berechtigt den Apostel Petrus, seine Ermahnungen ausgeben
zu lassen.

In der Veranlassung und Bestimmung selbst liegt bereits
die Berechtigung. Der Apostel beruft sich aber noch auf
ein anderes Moment. Er sucht und findet nämlich die
Berechtigung zu seinen Ermahnungen in seiner eigenen
felsenfesten Heilserkenntnifs und unerschütterlichen Heilser-
fahrung. „Denn — schreibt er — wir haben euch unseres Herrn Jesu Christi Macht und Erscheinung
nicht auf Grund ersonnener Fabeln, denen wir
nachgingen, sondern auf Grund dessen kund gethan, dafs wir Augenzeugen seiner Gröfse geworden sind." Seine persönliche Erkenntnifs und Erfahrung von Christo berechtigt ihn, wie alle anderen Zeugen des
Auferstandenen, zu solchen Mahnungsschreiben. Denn keiner
von den Verkündigern des Evangeliums, welche die Heilsbotschaft in die Länder der Völkerwelt trugen — Paulus so-
wenig als Barnabas oder Marcus — haben sich durch ausgedachte Fabeln leiten lassen. Mögen immerhin heidnische
Gesetzgeber gewöhnliche Märchen berücksichtigen und albernem
Volksglauben huldigen, der keinen Grund geschichtlicher
Wahrheit hat, sie haben, was sie von Jesu kundgethan, nicht
aus Fabeln geschöpft, welche der Menschenwitz ersonnen hätte.
Sie wissen, an wen sie glauben. Sie waren bereits, innerhalb
des Fleischeslebens ihres Herrn, Zeugen einer Herrlichkeit,

welche die Machtstellung, die er jetzt unsichtbar einnimmt
und einst sichtbar in seiner Zukunft offenbaren wird, verbürgt
und vorbildet. Und nachdem Jesus vorher in Schwachheit des
Fleisches mit ihnen verkehrt und den Tod am Kreuze erlitten
hatte, sahen sie seine Herrlichkeit wieder, als der Auferstandene
unter ihnen erschien und vor ihnen himmelwärts entschwand.
Diese Gröfse haben sie um so weniger erdichten können, als
der Herr sich seiner Knechtsgestalt niemals entäufsert hatte.
Sie hatten sogar Mühe an seine Erhöhung zu glauben. Es war
ihnen schwer geworden, den lebendigen Gottessohn in ihm zu
erkennen. Sind sie dennoch zu dieser Erkenntnifs hindurch-
gedrungen, so haben sie sich nur durch die Macht der That-
sachen belehren und überzeugen lassen. Nicht klug ersonnene
Fabeln, sondern geschichtliche Ereignisse sind die Grundpfeiler
ihres Glaubens. Sie haben gesehen, sie haben gehört, und
was sie verkünden, was sie bezeugen ist Wahrheit und Wirklichkeit. Gestützt auf diese Lebenserfahrung reden und
lehren sie. Was wir gehört, was wir mit unseren Augen
geschaut und unsere Hände berührt haben vom Worte des
Lebens — und das Leben ist geoffenbaret worden, und wir
haben es gesehen und bezeugen und verkündigen euch das
ewige Leben, welches bei dem Vater war und uns geoffenbaret worden ist — was wir gesehen und gehört haben, das
verkündigen wir euch — bekräftigt der Apostel Johannes
(1. 1—3) .... Die Macht und Erscheinung des Herrn hat
einen sicheren festen Untergrund. Die frohe Botschaft ist eine
gewisse, wahre Botschaft.

Diese Wahrheit ist von Gott selbst bezeugt. „Wie er
denn — schreibt Petrus — von Gott dem Vater Ehren
und Herrlichkeit empfangen hat, nachdem von der
hocherhabenen Herrlichkeit die folgende Stimme
an ihn ergangen war: „Dieser ist mein Sohn, der
Geliebte, dem ich mein Wohlgefallen zugewendet
habe" und diese Stimme haben wir vom Himmel
kommen hören, da wir mit ihm waren auf dem heiligen Berge." Jesus hat Ehre und Herrlichkeit von Gott

dem Vater empfangen: Gott hat ihn auferwecket von den
Todten und ihm die Herrlichkeit gegeben, auf dafs wir Glauben und Hoffnung zu Gott haben möchten (1. Petr. 1/21).
Dadurch hat sich Gott als Vater Jesu Christi geoffenbaret.
Und zwar in einem ganz besonderen Sinne. Er gewährt ihm
diese Ehre und Herrlichkeit nicht wie er sie einem gewöhnlichen Menschen, der einer unseres Gleichen wäre, hätte ge-
währen können, er gab sie ihm, als seinem eingeborenen
Sohne. Folglich ist auch alles, was auf Grund der Machtstellung und Erscheinung Jesu Christi gefordert wird, keine
klug ersonnene Fabel, sondern ein Begehren, welches eigentlich von Gott selbst ausgeht. Wir werden uns um so mehr
befleifsigen in und mit dem Glauben, den vollen Kranz christlicher Tugenden darzureichen, je gewisser wir sind, dafs
Jesus Christus das Ebenbild des unsichtbaren Gottes ist, der
Erstgeborene vor allen Creaturen (Col. 1/15). Und daran ist
gar nicht zu zweifeln. Zumal er Ehren und Herrlichkeit empfing, nachdem seine Gottessohnschaft von der hocherhabenen
Herrlichkeit, von dem majestätischen heiligen Gotte selbst
durch den wunderbaren Zuruf bezeugt worden war: „Dies
ist mein Sohn, der Geliebte, dem ich mein Wohlgefallen zugewendet habe."

Freilich könnte dieser Zuruf seinerseits wieder neue
Zweifel erwecken. Märchen und Fabeln lassen sich ja er-
finden, haben einige Male schon hie und da Verbreitung
gefunden, aber auch dieser Zuruf, so wunderbar er klingt, ist
wahre, wirkliche Thatsache. Die Apostel selbst haben diese
Stimme mit eigenen Ohren gehört, als sie mit Jesus auf
dem, als Stätte neutestamentlicher, heilsgeschichtlicher Gottes-
offenbarung, heiligen Berge waren. Klug ersonnene Fabeln
sind nirgends zu befürchten.

Aber sie konnten das Opfer einer Sinnestäuschung und
Sinnesverwirrung geworden sein? Freilich von vornherein
ausgeschlossen wäre eine Täuschung, eine Verwirrung nicht.
Allein auch diese Befürchtung ist eine grundlose. Denn der
Ruf, den sie vernommen, steht im Einklange mit dem Worte

selbst. Bei irgend welcher Sinnesverwirrung hätte der Zuruf
leicht mit diesem Worte in Widerspruch gerathen können.
Ein solcher Widerspruch aber läfst sich nirgends nachweisen.
Vielmehr hat das prophetische Wort durch jenes Ereignifs an
Festigkeit gewonnen. „Und so steht uns, fährt der Apostel
fort — an seine frühere Mittheilung anknüpfend — das
prophetische Wort um so fester, woran ihr gut
thut euch zu halten, als an ein Licht, das an wüstem Orte scheinet, bis dafs der Tag durchbricht
und lichtbringend aufgeht.“ Steht um so fester, weil
sich in Christo erfüllet hat, was die Propheten vorausgesehen,
voraus verkündigt haben. Zwar weissagt das prophetische
Wort in seiner Einheitlichkeit nicht auf einen in leibhaftiger
Herrlichkeit erscheinenden Heilsmittler — wenn unter leibhaftiger Herrlichkeit verklärte Leiblichkeit gemeint ist —
wohl aber auf eine sichtbare Offenbarung Jehovahs, welche
den Gegensatz zwischen der Gemeinde Gottes und der wider-
göttlichen Welt zur Entscheidung bringen und hiemit die
gegenwärtige Gestalt der Dinge in ein ewiges Gottesreich
wandeln soll. Da nun die Apostel von dieser Offenbarung
wissen und lehren, dafs sie in der Wiederoffenbarung Jesu
Christi besteht, wird für sie das prophetische Wort einerseits
durch die Auferweckung und Erhöhung des Sohnes Gottes
festbeständig gemacht, insofern diese Ehre und Herrlichkeit
eine Anbahnung seiner Erfüllung ist, während es ihnen andererseits neben ihren Erlebnissen zur Grundlage ihrer Lehre
von Jesu gegenwärtiger Macht und einstiger Wiederkunft
dient (nach Hofmann S. 38, 39). Sie sind demnach keiner
Sinnestäuschung zum Opfer gefallen. Sollten aber die Leser
dessen ohngeachtet noch an der Macht und Wiederkunft
Christi zweifeln, so mögen sie selbst prüfen. Ja sie würden
wohl daran thun, wenn sie angelegentlich, sorgfältig, ängstlich
treu auf das prophetische Wort merkten. Denn dieses Wort
ist ein Licht, welches an einem wüsten Ort scheint,
bis der Tag anbricht und lichtbringend aufgeht.
In Bezug auf die Wiederkunft des Herrn geht es uns näm-

lich wie einem Wanderer, der nächtlicher Weile durch eine
struppig bewachsene wüste Gegend pilgert. Er kommt ohne
Licht nicht hindurch. Es bilden sich die Irrlehren und Verführungen, die Lügen und Verdrehungen der Welt, wie der
eigenen Vorurtheile und Voreingenommenheiten zu einem
struppigen Dickicht, durch welches wir uns hindurchzuarbeiten
haben. Das gelingt uns aber nicht ohne Licht. Dieses Licht
ist das prophetische Wort. Wer in die schliefsliche Zukunft
blickt, dem leistet das prophetische Wort gleichen Dienst, wie
nächtlicher Weile ein Licht an einem durch struppiges
Dickicht unwegsamen Orte. Er findet sich in ihr soweit zurecht, wie ein Wanderer in solcher Gegend, wenn ein Licht
in ihr scheint. Und wie dieser solchen Lichtes froh ist, solange die Nacht währt, bis das Tageslicht aufleuchtet und
der Morgenstern die Sonne ankündigt, die den vollen **Tag**
bringt, so soll der Christ des prophetischen Wortes froh sein
und es sich leuchten lassen, solange die schliefsliche Zukunft
wie ein in Nacht gehülltes Wirrsal vor uns liegt, in dem man
sich nicht zurecht zu finden vermag. Das Wort vom Tage
Jehovahs erhellt sie dem Gläubigen, soweit er dessen bedarf,
um nicht rathlos vor ihr zu stehen und aussichtslos sich in
ihr zu verwirren (Hofmann S. 71).

Wann aber wird der Tag anbrechen und der Morgenstern
aufgehen? Wenn der Sohn des Menschen in seiner Herrlichkeit kommen wird und alle heiligen Engel mit ihm, dann
wird er auf dem Thron seiner Herrlichkeit sitzen und vor
ihm werden alle Völker versammelt werden und er wird sie
von einander sondern, wie ein Hirte die Schafe von den
Böcken sondert und er wird die Schafe zu seiner Rechten
stellen, die Böcke aber zu seiner Linken (Matth. 25,31—33).

Bis dahin dient uns das prophetische Wort als ein Licht,
das an wüstem Orte scheint.

Unter einer Bedingung jedoch. Unter der Bedingung,
schreibt der Apostel an seine Leser, dafs ihr „in euerem
Herzen vor allem erkennt, dafs keine Weissagung der Schrift eigene Lösung zuläfst, denn

nie ist eine Weissagung durch menschlichen Willen geschehen, sondern getrieben vom heiligen Geiste, haben aus Gott Menschen geredet." Diese Bedingung ist höchst beachtenswerth, den Freunden chiliastischer Träumereien besonders zu empfehlen. Die Erleuchtung durch das prophetische Wort setzt voraus die Verzichtleistung auf selbsterfundene, willkürliche, phantastische Deutungen. So wenig die apostolische Lehre klug ersonnene Fabel ist, so wenig darf das prophetische Wort klug ersonnenen Deutungen als Unterlage dienen. Mit dem prophetischen Worte läfst sich kein loses, kein frevelhaftes Spiel treiben. Menschen haben es nicht ersonnen, Menschen dürfen es nicht bemeistern. Gilt schon im gewöhnlichen Leben der Rechtsgrundsatz, dafs nur der Gesetzgeber des Gesetzes Dolmetscher sein darf und sein kann, um so mehr ist dieser Grundsatz auf die Offenbarung Gottes anzuwenden. Göttlichen Ursprunges, fordert das prophetische Wort göttliche Auslegung. Nie ist eine Weissagung durch menschlichen Willen geschehen, nie darf eine Erklärung dieser Weissagung Sache des menschlichen Verstandes werden. Haben die Menschen aus Gott geredet, getrieben von dem heiligen Geist, so müssen die Dolmetscher gleichfalls aus Gott erklären, in der Kraft des heiligen Geistes. Das prophetische Wort will im Geiste dessen verstanden sein, der es gegeben hat.

Wer darauf achtet und darnach prüft, der wird sich in dem struppigen Dickicht zurechtfinden, die Kraft und Wiederkunft des Herrn erkennen und durch diese Erkenntnifs sich anspornen lassen alle im Glauben beschlossenen Tugenden reichlich darzureichen, damit auch ihm einst reichlich gewährt werde der Eingang in das ewige Reich seines Herrn und Heilandes Jesu Christi.

So rechtfertigt und begründet der Apostel seine Ermahnungen.

Er beruft sich auf das, was er vom Vater gehört, von Christus gesehen und vom heiligen Geiste gelernt und erfahren hat. Er stützt sich auf den dreieinigen Gott Er hat

festen Grund unter seinen Füfsen; er weifs Rechenschaft zu
geben von seiner Hoffnung. Darum drängt und treibt es ihn
auch zu warnen, zu erinnern, durch Erinnerung zu wecken.
Die Veranlassung, sowie die Absicht und die Berechtigung
seiner Ermahnung geht aus von dem tiefen überwältigenden
Eindruck, den Christi Macht und Herrlichkeit auf ihn ausgeübt und diese Herrlichkeit möchte er hier und dort, mit
allen denen theilen, die den gleichen kostbaren Glauben empfangen haben.

Dazu gehören auch wir. So lafst uns denn die Ermahnungen des Apostels wohl zu Herzen nehmen und gebe Gott,
dafs wir immer fester erbaut werden auf dem Grund der
Apostel und Propheten, da er, Jesus Christus, der Eckstein
ist, auf welchem der ganze Bau zusammengefügt ist und
wächst, zu einem heiligen Tempel im Herrn, durch welchen
auch wir mit erbauet werden zu einer Wohnung Gottes im
Geiste (Eph. 2 20—22)! Dann wird der Tag des Herrn für
uns, wann und wie immer er erscheinen mag, ein Tag des
Heils, der Anfang der ewigen Seligkeit sein!

Die verderblichen Sonderrichtungen.

II. Petr. 2/1—13½.

Wir haben letzthin vernommen, mit welchem Ernst, mit
welcher Entschiedenheit Petrus für die Wahrheit seiner Verkündigung, für die Richtigkeit seiner Lehre eingetreten ist.
Er steht auf einem felsenfesten unerschütterlichen Boden.
Jesus hat sich in seiner Macht und Herrlichkeit offenbart,
Gott hat sich zu Jesu als zu seinem Sohn bekannt; der heilige
Geist hat die Herrlichkeit Jesu Christi wie die Untrüglichkeit
des göttlichen Zeugnisses dadurch aufser Zweifel gesetzt, dafs
er die Erscheinung Jesu Christi als die Erfüllung des alt-
testamentlichen Wortes erkennen liefs und somit das prophetische Wort festbeständiger gemacht hat. Man sollte glauben, dafs eine so vielfach bezeugte und kräftig beglaubigte
Lehre vor jedem Widerspruch geschützt sei. Allein der
religiöse Glaube ist keine Mathematik. Wo der Geist sich
beugen mufs, kann das Herz sich immer noch auflehnen. Dazu
gibt es stets Veranlassungen und Versuchungen genug. Der
Apostel hat bereits angedeutet, welcher Art sie sind. Man
fängt an die göttliche Weissagung nach menschlicher Weisheit zu beurtheilen, dann ist der Verwirrung Thür und Thor
geöffnet und die Verläugnung und Verwerfung erscheint berechtigt. Was dem prophetischen Worte widerfuhr, wird
dem apostolischen nicht erspart bleiben. Wie in der
Volksgemeinde Gottes falsche Propheten aufgetreten, so wird
es auch der heidnischen Christenheit nicht an Lehrern fehlen,
welche sich für Sendboten Christi ausgeben, während sie nur
das Widerspiel davon sind. Diese Irrlehren aber sind eine
grofse Gefahr. Sie können die Schwachen verführen, die

Starken erschüttern. Es gilt daher die Einen wie die Anderen zu warnen, jene mehr auf die Haltlosigkeit ihrer Lehre, diese mehr auf die Fluchwürdigkeit ihres Lebens aufmerksam zu machen und beiden zuzurufen: „Der Herr weiſs die Gottseligen aus der Versuchung zu erlösen, die Ungerechten aber auf den Tag des Gerichtes aufzubewahren, daſs sie gestraft werden."

Zu diesem Behufe schildert nun der Apostel den zeitlichen Irrgang, den endlichen Untergang der Irrlehrer.

Der Irrgang steht ganz auſser Frage. Was ist des ächten Lehrers Pflicht? Gottes Wort zu verkünden, zu verbreiten, als Richtschnur in Lehre und Leben zu befolgen, die Gemeinschaft des Glaubens in der Kraft des heiligen Geistes zu pflegen. Die falschen Lehrer aber zerreiſsen die einheitliche Gemeinde, zerstören die Gemeinschaft der Gläubigen, säen Zwietracht aus, reizen zur Spaltung und Trennung. Statt sich dem Worte Gottes allein unterzuordnen, lehren sie was ihnen gefällt und bringen somit in die auf den Weg des Glaubens gestellte Gemeinde „Sonderrichtungen hinein, deren Verfolgung ins Verderben führt." Sie stellen das unterste zu oberst, machen die Nebensache zur Hauptsache und betonen wieder in der Nebensache je nach Laune und Einfall, bald diesen bald jenen der danebenliegenden oder hineingedachten Punkte. Fängt man einmal an von dem Worte Gottes sich zu trennen, das Wort Gottes nach eigener Willkür zu deuten, so gelangt man bald auf die allerkrümmsten und holperigsten Querstraſsen, Seitengassen und Winkelwege. Statt dem Sohne Gottes zu folgen, geht man der Mutter Gottes nach, und statt Christum anzubeten im Geist und in der Wahrheit, wird äuſserlicher Marienkultus getrieben; statt gen Himmel zu weisen, führt man zum Fegefeuer, zur Hölle; statt Buſse und Bekehrung zu pflegen, wandert man zu den Beichtstühlen, in die sogenannten Gnadenorte. Die ganze Heilsordnung wird schlieſslich auf den Kopf gestellt und es klafft zwischen dem ursprünglichen Christenthum und dieser Kirchenlehre ein unübersehbarer, unüberbrückbarer Abgrund. Und die Abweichung vom Worte Gottes zieht ganz naturgemäſs nach sich die allmähliche Entfernung

von Gott und hat zur Folge die schließliche Lostrennung von
Gott, die Gottlosigkeit unter christlicher Flagge. Der Eigen-
sinn, die Selbstsucht schlägt „Sonderrichtungen ein,
die ins Verderben führen."
Zumal das Leben sich immer nach der Lehre bildet. Die
Entfernung von Gottes Lehre ist der Anfang eines gottwidrigen
Lebens. Die ächten Lehrer, welche Gottes Wort befolgen,
beugen sich auch unter Gottes Willen, bestreben sich nach
Gottes Gebot und Gesetz zu wandeln, befleifsigen sich ihm
von Herzen zu dienen, ringen und kämpfen, wachen und beten,
damit sie immer mehr eine Gestalt gewinnen in Jesu Christo.
Die Liebe, die Dankbarkeit, der sittliche Ernst, die religiöse
Erkenntnifs hält sie dazu an. Der Widerspruch zwischen
Lehre und Leben mufs immer mehr verschwinden, der Einklang zwischen ihrem Herzen und ihrem Herrn immer har-
monischer sich gestalten, darnach steht ihr Streben und Beten.
Nicht so bei den falschen Lehrern. Sie verläugnen den
Herrn, der sie „erkauft" hat. Merkt wohl, was der Apostel
sagt und erkennet auch hier, wie wahr seine frühere Aussage ist: die heiligen Menschen haben aus Gott geredet, getrieben vom heiligen Geist. So richtig und wahr hätte er aus
eigener Vernunft die Zukunft nicht vorauszuzeichnen vermocht.
Der Apostel sagt nicht: sie verläugnen den Herrn, der sie
erlöst hat. Ausdrücklich und absichtlich bemerkt er: sie
verläugnen den Herrn, der sie erkauft hat. Damit macht
er auf einen ganz eigenthümlichen Fall aufmerksam. Sie
lassen den Herrn als Erlöser gelten, sie berufen und stützen
sich auf seinen Erlösertod, seine Gebote aber werden auf die
Seite geschoben. Nirgends wird das „Kyrie eleison" häufiger
angestimmt, nirgends hört man schöner und inbrünstiger singen
„Herr erbarme dich", nirgends wird äufserlich mehr geeifert
für den Herrn — das Kreuz wird überall aufgestellt, getragen,
verehrt, sein Bild hängt in allen Kirchen und Kapellen,
Schulen und Häusern — aber sie lassen ihn nicht als den
gelten, der ihnen zu befehlen hat. Ihre Verläugnung besteht
nicht darin, dafs sie nichts von seiner Erlösung wissen wollen,

sondern, dafs sie sich weigern Jesum als den Herrn anzuer-
kennen, dem sie Gehorsam schulden. Hat er sie erkauft, so
sollten sie sein Eigenthum sein. Sind sie sein Eigenthum, so
sollten sie ihm dienen und gehorchen. Dagegen aber wehren
sie sich. Sie künden ihm den Gehorsam auf. Sie beanspruchen
seine Wohlthaten, verwerfen jedoch seine Forderungen. Sie
nehmen an, was er gibt und weisen zurück, was er befiehlt.
Sie wollen von der Schuld frei gesprochen sein, ohne der
Gerechtigkeit dienstbar zu werden (Röm. 6/18). Sie machen
die Gnade zu einem sanften Ruhekissen. Sie mifsbrauchen die
Barmherzigkeit Gottes und sehen das Christenthum an gleichsam als einen Freibrief zur Zügellosigkeit. So verläugnen sie
im Leben den Herrn, den sie ihrem Glauben nach bekennen.
So wird ihr Wandel das gerade Gegentheil von ihrem Worte.

Wir kennen diese Verläugnung, wir wissen auch, welches
ihre Folgen sind. Umsomehr staunen wir über die Klarheit,
mit welcher sie der Apostel vorausgesehen, vorausgesagt hat:
„und viele werden ihnen in ihren Ausschweifungen nachfolgen und um ihretwillen wird der Weg
der Wahrheit gelästert werden.“ Die traurigen Folgen
solcher Irrlehren sind doppelter Art: die Einen werden durch
diese Verläugnungen mit ins Verderben hineingezogen, die
Anderen in ihrem Glauben erschüttert oder vom Glauben
ferngehalten.

Die Einen, die Leichtsinnigen, und deren gibt es Viele,
folgen ihnen in ihren Ausschweifungen nach. Sie lassen sich
gern durch ihren Vorgang belehren, dafs man ein Christ sein
könne, ohne sich Etwas von dem versagen zu müssen, wornach
man gelüstet. Eine solche Ungebundenheit ist gar zu ange-
nehm. Den eigenen Lüsten fröhnen und des Beichtstuhles sich
getrösten, wacker fort sündigen und auf den Ablafs rechnen,
herrlich und in Freuden sein Leben geniefsen und fest darauf
pochen, dafs die ewige Seligkeit unfehlbar gesichert sei, die
Ausschweifungen des Fleisches mit den Ausschmückungen der
Gnade verbinden — nicht wahr? — das ist verlockend. Ja,
für das Weltkind, für einen Menschen ohne Herz, ohne Ge-

fühl, ohne Gewissen. Wer aber etwas sittlichen Ernst besitzt, wird sich entrüstet, voll Ekel von solchen frivolen Anschauungen abwenden. Und dieser Ekel kann so abstofsend wirken, dafs manche versucht werden der Wahrheit selbst zur Last zu legen, was deren nichtswürdige Verkenner verschuldet haben: so wird um ihretwillen der Weg der Wahrheit gelästert. Ach wie viele ernste, redliche Naturen sind durch den Widerspruch zwischen Christenwort und Christenwandel vom Evangelium fern gehalten worden! Wie viele Heiden und Juden werden durch die Sünden der Christen abgehalten in das Reich Christi einzutreten! Und ach welch' eine schwere Schuld trifft diejenige Kirche, welche sich soweit verirret, dafs sich Kirchenthum und Christenthum, Kirchlichkeit und Sittlichkeit, Frömmigkeit und Lauterkeit nicht mehr decken! Man klagt oft über der Welt Lauheit und Gleichgültigkeit gegen das Christenthum, man thäte besser daran über die Sünden der Christen zu klagen, welche diese Lauheit zum gröfsten Theile mit verschulden. Es ist allerdings beklagenswerth, dafs die ernsten Gemüther nicht genauer prüfen, nicht sorgfältiger unterscheiden, noch beklagenswerther aber ist es, dafs die Sünden nicht blofs der Namenchristen, das Angesicht Gottes, die Herrlichkeit Jesu Christi so oft verhüllen. Wer weifs, wie viele von denen, welche verächtlich auf Juden, Türken und Heiden schauen oder mit ihrer Rechtgläubigkeit prahlen, einst droben vor Gottes Richterstuhl als Verläugner Christi, als Feinde des Herrn werden entlarvt werden?!

Dafs sie doch umkehren und solange es Zeit ist zur Wahrheit sich bekennen möchten! Leider hindert sie daran ihre Habsucht, ihre Begierde nach irdischem Gewinn, nach Geld und Gut. „Und mit Habsucht — warnt der Apostel — werden sie durch künstlerisch ausgedachte Lehren von euch Gewinn zu ziehen suchen." Die Verführung anderer mufs ihnen die Mittel zu eigenem Wohlleben verschaffen. Zu diesem Zweck werden besondere Lehren ersonnen, künstlich ausgedacht und zu Markte getragen. Die

angeblichen Jünger Jesu sind „Kaufleute der Erde" (Offenbr.
18/11) geworden und als kluge Geschäftsleute bieten sie der
Gemeinde gerade die Waare an, die der Masse am meisten
in die Augen sticht. Die Worte und Lehren des heiligen
Geistes, des göttlichen Wortes werden in den Hintergrund
gedrängt und durch eigene Erfindungen ersetzt, welche dem
natürlichen Menschen mehr zusagen, seiner Trägheit besser
entsprechen. So sind im Laufe der Zeiten die Lehren von
der allein seligmachenden Kirche, von den Bufsübungen, Ka-
steiungen, Fasten, Almosen, Wallfahrten und Gnadenorten
u. s. w. entstanden und haben riesigen Absatz gefunden. Wie
viele Reichthümer sind bereits in dieser Weise auf Kosten
der Wahrheit, der Gottseligkeit, der lauteren Frömmigkeit
zusammengescharrt, aufgehäuft worden! Wie schnöde werden
die Leichtgläubigen beschachert! Fürwahr die Irrlehrer stiften
unheilbaren Schaden an.

Aber ist denn der Arm Gottes verkürzt, ist denn die
Gerechtigkeit des Allheiligen eingeschlafen? Mit nichten.
Der Herr weifs die Ungerechten aufzubewahren auf den Tag
des Gerichts, dafs sie gestraft werden. Gottes Mühlen mahlen
zwar langsam, aber sicher: der Tag des Gerichtes bleibt nicht
aus. Der zeitliche Irrgang führt zum endlichen Untergang.

Zum endlichen Untergang. Die Irrlehrer werden
„über sich ein jähes Verderben herbeiführen." So
plötzlich der Richter über Lebende und Todte kommt, so plötzlich überfällt die Verstörer seiner Gemeinde das Verderben.
Ohne dafs sie sich dessen versehen und ohne dafs sie es noch
abwenden können, wird es die Feinde Christi plötzlich er-
eilen. „Längst schon säumt ihr Gericht nicht und
ihr Verderben schlummert nicht." Schon von lange
her ist das Gericht, das an ihnen sich vollziehen wird, für
sie in Gang und Werk. Das Urtheil der Verwerfung braucht
nicht erst in Bewegung gesetzt zu werden, so wenig, als das
durch das Urtheil verhängte Verderben aufgeweckt und in
Bewegung gesetzt werden mufs: es ist schon längst beschlossen
und geht seit lange her seiner Verwirklichung entgegen.

Rastlos sammeln sich die Wetterwolken über die Schuldigen
an, zu seiner Zeit werden sie losbrechen. Wie in vielen
anderen Fällen die Strafe nicht ausgeblieben, wird Gottes
Urtheil auch diese Verwüster der Gemeinde zu treffen wissen.
Denkt an die Engel! Nicht einmal sie, die Geister seines
Dienstes, sind ungestraft geblieben. „Hat doch Gott —
erinnert der Apostel — der Engel nicht geschont, die
gesündigt hatten, sondern sie den Stricken der
Finsternifs übergeben, in die Hölle gestofsen und
zur Aufbewahrung für das Gericht überliefert."
Die bewegungsfreien Geister sind gebunden, bewegungsunfähig
geworden; die Engel des Lichtes wurden den Stricken der
Finsternifs übergeben d. h. in den Bann der Finsternifs ver-
setzt, aus der Welt des Lichtes verstofsen; die höchsten
Geister wurden von ihrer Höhe hinunter in die Tiefe, in die
Hölle gestofsen, um dort für das Gericht aufbewahrt zu werden.
Die gerechte Strafe hat sie ereilt: sie kamen in einen Zustand,
welcher das gerade Gegentheil ihres bisherigen war.

Ebenso wenig hat Gott eine ganze Welt, die Welt der
Vorzeit ungestraft gelassen. „Auch der alten Welt —
fährt Petrus fort — hat Gott nicht verschont, sondern
Noah blofs, den Prediger der Gerechtigkeit hat er
mit noch sieben Anderen bewahrt, als er über die
Welt der Gottlosen die Fluth hereinführte." Als der
Herr sah, dafs die Bosheit der Menschen grofs und das
Dichten und Trachten ihres Herzens allezeit böse war auf
Erden, da sprach Jehovah: Ich will die Menschen, die
ich geschaffen, vertilgen von der Erde, von den Menschen
an bis zum Vieh, bis zum Gewürm und bis zu den Vögeln
des Himmels: denn es reuet mich, dafs ich sie gemacht.
Aber Noah fand Gnade in den Augen Jehovahs (1 Mos. 6.5.
7—9). Das Gericht Gottes verschont Niemanden. Selbst wenn
die ganze Welt der Gottlosigkeit anheimfiele und ein einziger
Prediger der Gerechtigkeit mit nur wenigen übrig bliebe, eher
zerstört Gott die ganze Welt, als dafs er den Frevel unge-

straft liefse. Seine Rechte ist voller Gerechtigkeit und seine Gerechtigkeit bleibt ewiglich.

Sie weifs auch die Einzelnen innerhalb der Gesammtheit zu erreichen. „Die Städte Sodom und Gomorrha hat Gott zur Zerstörung verurtheilt, indem er sie in Asche legte, damit ein Beispiel für künftige Gottlose aufstellend." Niemand, nichts ist vor seinen Augen verborgen. Keiner entgeht der verdienten Strafe. Der Herr läfst seine Gerechtigkeit offenbaren wie vor den Völkern, so auch vor den einzelnen Städten, ja vor den einzelnen Einwohnern dieser Städte. Was ist Sodom und Gomorrha im Vergleich zu der ganzen Welt der Vorzeit, zu den mit Gott verwandten Geschöpfen? — und dennoch hat sie Gott zu finden gewufst. Es bleibet keine Missethat ungestraft. Auch fehlt es Gott nicht an Mitteln sein Strafgericht zu üben. Dort liefs er Wasser kommen über die Erde, hier sandte er Feuer vom Himmel herab. Und er hat diese Städte nicht wie andere etwa durch Menschenhand zerstören lassen, nein, er selbst hat die Feuerflammen vom Himmel herniedergesandt. Daran mögen die Gottlosen der Zukunft erkennen, was ihrer harrt. Dieses Gericht des Feuers ist ein Abbild ihres Endgerichtes. Sie werden ihrer Strafe nicht entgehen. Ihr Untergang ist gewifs. Die Gerechtigkeit Gottes erfordert ihn. Ja, der Schutz der Frommen erheischt ihn.

Oder könnte Gott etwa die Frommen schützen, ohne die Gottlosen zu strafen? Hat denn nicht Noah, der Prediger der Gerechtigkeit unter der allgemeinen Gottlosigkeit schwer zu leiden gehabt? „Wurde nicht der gerechte Lot von dem gottlosen Wandel der Ruchlosen gequält, er der Gerechte, welcher solange er unter ihnen wohnte, Tag für Tag, mit Blick und Gehör in den frevelhaften Werken neue Qual fand für seine Seele?" Ach, wie schmerzte es ihn, alles, was um ihn her vorging, sehen und hören zu müssen! Wie ging es ihm zu Herzen! Welch' eine Seelenqual bereitete es ihm! Wie oft mag er geseufzt haben: ist denn die Gerechtigkeit Gottes eingeschlafen? Wie könnte der Herr die Gerechten erlösen, wenn die Ungerechten mit ihren frevelhaften Werken sie weiterquälen und peinigen dürften? Nein. Der Schutz der Einen fordert die Züchtigung der Anderen. Gott kann nicht zugeben, dafs die Frömmigkeit in ihrer Entfaltung durch frechen Muthwillen gehindert werde. Er will es auch nicht. So grofs seine Barmherzigkeit, so 'grofs ist auch seine Gerechtigkeit. „Der Herr weifs — er versteht sich darauf — die Gottseligen aus der Versuchung zu erlösen, Ungerechte aber auf den Tag des Gerichtes zur Strafe aufzubewahren." Ja, die Erlösung der Gottseligen zieht unbedingt nach sich die Verurtheilung der Ruchlosen. Läfst es seine Barmherzigkeit nicht zu, dafs die Frommen über Vermögen versuchet werden, so darf es seine Gerechtigkeit nicht dulden, dafs die Gottlosen, die Ursachen und Urheber der Versuchungen sich mehren. Will er die ersten erlösen, mufs er die zweiten strafen. Diese Strafe kann nicht ausbleiben. Wie Gott Geister seines Dienstes und eine ganze Welt der Vorzeit, die er durch Ueberfluthung hinwegtilgte, nicht verschont und Sodom und Gomorrha durch Feuer dem Untergang geweiht hat, so wird sein Gericht auch diejenigen treffen, welche seine Gemeinde durch ihr Beispiel der Unsittlichkeit verderben und mit Lügenlehren verwirren.

Namentlich diejenigen „die dem Fleische nachwandeln mit Begierde der Befleckung", die Wollüstlinge, welche solchen Begierden sich ergeben, die Besudelung mit sich führen und sowohl die einen verunreinigen, die ihnen fröhnen, als die anderen, an welchen sie gefröhnt werden: diejenigen, „die alle Herrschaft verachten," keinen Willen, kein Gebot, keinen Herrn über sich erkennen, jedwede göttliche und menschliche Autorität verwerfen, um ihren bösen Lüsten ungezügelt freien Lauf zu lassen „und so verwegen sind in der Freiheit, dafs sie nicht davor zittern Hoheiten zu lästern, wo doch Engel, die an Kraft und Macht gröfser sind, kein lästerndes Urtheil

gegen sie beim Herrn fällen," d. h. so selbstherrlich,
vermessen, frech, dreist und anmaafsend sich zeigen, dafs sie
sich erlauben, was Engel selbst sich nicht zu thun getrauen.
Sie lästern offenbarliche Gröfsen oder Hoheiten, nämlich
solche Gröfsen, welche im Besitze himmlischer d. h. über-
weltlicher Macht sind, obgleich sie aufser der Gemeinschaft
himmlischer, das heifst göttlicher Seligkeit stehen (Hofmann).
Diese argen Geistwesen üben eine böse Macht aus in der
sinnenfälligen Welt der Menschen: sie reizen, sie treiben, sie
locken zum Bösen. Sie nehmen weg das Wort, das in unser
Herz gesäet ist, sie begehren uns, sie suchen uns in ihre Gewalt zu bringen, um uns zu sichten, d. h. uns zu beunruhigen,
zu erschüttern, uns zum Abfall zu bringen (Luc. 22/31); sie
gehen umher wie brüllende Löwen und suchen, welchen sie
verschlingen könnten. Ernste Christen nehmen sich davor in
Acht, wachen und beten, dafs sie Widerstand leisten und
ihre Anschläge zu nichte machen. Die leichtfertigen, frechen
Irrlehrer hingegen lachen darüber und behaupten dreist und
keck, dafs es solche arge Wesen nicht gebe, dafs man sich vor
ihnen nicht zu hüten brauche. Die Tollkühnen trotzen und freveln, statt vor ihnen, vor ihrer Macht zu zittern. Welch' eine
Anmaafsung! Zumal wenn man bedenkt, dafs die Engel, die
jenen argen Geistern an Kraft und Macht überlegen sind,
also nichts von ihnen zu befürchten haben, ihnen solche Macht
nicht aberkennen. Sie führen zwar Klage über sie, aber dem
Unwillen über ihre Feindseligkeiten geben sie keinen anderen
Ausdruck, als dafs sie ihnen den Zorn Gottes ankündigen,
den sie dafür erfahren sollen (Sach. 3,2). Die Engel kennen
„die Tiefen des Satans" (Offenb. 2,24) und empfinden Scheu,
die Frevler hingegen verspotten sie und kommen darin um.
    Und dieser Untergang wird ihre Strafe sein. „Wie
unvernünftige Thiere, die von Natur dazu geboren sind, dafs sie gefangen werden und geschlachtet, werden auch sie, indem sie lästern,
was sie nicht kennen, in ihr Verderben kommen
und so den Lohn der Ungerechtigkeit davon bringen."

Es ist ihnen das gleiche Loos bestimmt, wie den unvernünftigen Thieren. Der einzige Unterschied zwischen beiden ist der, dafs die Thiere von Natur dazu bestimmt sind, gefangen und geschlachtet zu werden, während die Gottlosen dieses Verderben sich selbst zuziehen, indem sie lästern was sie mifskennen, trotzdem sie es erkennen könnten und sollten. Im übrigen aber stehen sie sich gleich. In ihrer Unvernunft sehen die Thiere das, was zur Lockspeise dient, für einen Gegenstand des Genusses an und indem sie gierig darnach greifen, werden sie dem zur Beute, der sie fängt. So sehen die Gottlosen in ihrer Thorheit die sinnliche Natur für nichts anderes an, als dafs sie ihnen gegeben sei, ihre Lust daran zu fröhnen und urtheilen davon, dafs sie mit Gott nichts gemein habe, noch Gott mit ihr, daher auch jedweder Gebrauch beziehungsweise Mifsbrauch ohne Rücksicht auf Gott gestattet sei und zu keiner Versündigung führen könne: infolge dessen greifen sie darnach als nach einem Gegenstande wollüstigen Genusses und fallen damit, eben indem sie es mifsbrauchen und verbrauchen, dem eigenen Verderben anheim (Hofmann). In so schmählicher Verschuldung gehen sie elend zu Grunde und tragen sie davon den Lohn der Ungerechtigkeit — schlimmes für schlimmes erhaltend, erntend, was sie gesäet haben.

Das ist das Ende der Ruchlosen. Nach dem zeitlichen Irrgang kommt der ewige Untergang. Darum treu und fest geblieben! Mögen auch die Anfechtungen manchmal zu schwer, die Kämpfe zu hart erscheinen, nur ausgeharrt! Der Herr weifs die Gottseligen aus der Versuchung zu erlösen, die Ungerechten aber auf den Tag des Gerichtes aufzubewahren. Seine Hülfe bleibt nicht aus. Sein Gericht ruht nicht.

Das sei auch unser Trost inmitten der Trübsale und Versuchungen der Welt, angesichts der Frechheit, mit welcher die Gottlosigkeit sich brüstet und aufbläht. Lieber mit dem Prediger der Gerechtigkeit, mit dem gerechten Lot leiden, als mit Sodom und Gomorrha zu Grunde gehen. Wer auf das Fleisch säet, der wird vom Fleisch das Verderben ernten, wer aber auf den Geist säet, der wird vom Geist das ewige Leben ernten. Darum lasset uns das Gute thun und nicht müde werden; zu seiner Zeit werden wir ernten, wenn wir nicht ermatten (Gal. 6,8—9).

Die gottlosen Verführungen.

II. Petri 2/13½—22.

Der Apostel Petrus hat uns letzthin gesagt, wie die falschen Lehrer die Gemeinde verwirren und ihr Leben verwirken. Er hat auf das Unheil hingewiesen, welches sie durch ihre verderblichen Sonderrichtungen wie durch ihre Habsucht stiften und an das Gericht erinnert, welches ihrer harret. Nun fühlt er sich gedrungen seinen Lesern noch weiter zu erklären, warum die Irrlehrer zum Tage des Gerichtes, zur Peinigung aufbewahrt werden müssen. Er scheint dem Vorwurf der allzugrofsen Strenge zuvorkommen zu wollen. Er schildert daher das ganze Wesen und Treiben, den schändlichen Wandel, die gemeine Gesinnung dieser Gottlosen, um deren schauerliches Ende zu erklären, deren Verurtheilung zu begründen.

Es ist eine ungeschminkte, unverblümte Schilderung, welcher wir hier begegnen. Eine Schilderung, welche die schöngeistigen und schwachnervigen Menschen unserer Zeit etwas befremden, vielleicht sogar abstofsen wird. Nichts desto weniger verdient sie unsere volle Beachtung. Jetzt gerade im erhöhten Maafse. Zumal auch wir allenthalben von allerlei Irrlehren und Irrlehrern umgeben und infolge dessen verpflichtet sind in aller Nüchternheit darüber zu wachen, dafs uns unsre Widersacher nicht verschlingen. So lafst uns denn die Feinde an ihren Früchten erkennen und deren Ruchlosigkeit, Oberflächlichkeit und Verwerflichkeit, nach der Schilderung des Apostels, miteinander betrachten.

Ruchlos und über alle Maafsen schändlich ist das Leben, das sie führen. Ob sie für sich allein sind oder in Gesellschaft mit Freunden oder Fremden sich befinden — alles ist Sünde, vom Anfang bis zu Ende. Der treue Jünger

Jesu wandelt in den Fußstapfen seines Meisters. Er wirkt,
so lange es Tag ist, die Werke deß, der ihn von der Sünde
erlöst, zur Heiligung berufen und für das ewige Leben aus-
erwählt hat. Er verkündet die Tugenden des Herrn, der ihn aus
der Finsterniß in sein wunderbares Licht versetzt hat. Als
Kind des Lichtes bleibt er ein Kind des Tages, angethan mit
dem Panzer des Glaubens und der Liebe und mit dem Helm
der Hoffnung, zur Seligkeit. Er wandelt ehrbarlich als am Tage,
pflegt des Fleisches, doch nicht zur Erfüllung der Lüste, und
ziehet an den neuen Menschen, der nach Gott geschaffen ist
in der Wahrheit der Gerechtigkeit und Heiligkeit (Eph. 4/24).

Das gerade Gegentheil finden wir bei den Irrlehrern.
„Sie achten es für ein Vergnügen den Tag mit
Schwelgen hinzubringen." Der Tag ist doch für die
Arbeit bestimmt, sie verwenden ihn zur Belustigung. Ihre
einzige Freude ist das zeitliche Wohlleben. Ihr Dichten und
Trachten ist auf das Diesseits gerichtet. Das Leben hat für
sie nur den Werth, den ihnen die Freude, der Genuß bereitet. „Alle Tage herrlich und in Freuden", „alleweil fidel",
das ist ihre Losung. Darnach steht ihr Dichten und Trachten.
Statt sich zu fragen: Was soll ich thun, daß ich selig werde?
stehen sie auf mit der Frage: was soll ich thun, um mich zu
belustigen? Statt sich beim Niederlegen zu prüfen: was habe
ich gethan, um meinem Ziele näher zu kommen? grübeln sie
darüber nach: was habe ich unterlassen, um meine Freuden zu
mehren? Alles dreht sich bei ihnen um irdische Lust und welt-
liche Freude. Ach wie vieles gäbe es für solche Müßiggänger
zu thun! Welch' kostbare Verwendung könnten im Interesse der
nothleidenden Menschheit ihre Schätze, ihre Gaben, ihre Zeit
finden! Aber was fragen sie nach ihren Brüdern? So wenig
die eigene Seligkeit sie kümmert, so wenig sind sie für das
Heil der Nebenmenschen besorgt. Seele, du hast viele Güter auf
viele Jahre liegen: habe nun Ruhe, iß', trink' und sei fröhlich
(Luc. 12/19). — Darin gipfelt ihre ganze Lebensweisheit.

In manchen Kreisen finden solche Menschen großen Anklang und werden hoch gefeiert. Sie sind so gemüthlich, so

unterhaltend, so bezaubernd! Eine Zierde für jede Gesellschaft! Ein anregendes Element bei jeder Zusammenkunft! Der Apostel urtheilt anders. Er nennt sie beim rechten Namen. Es sind die „Schmutz- und Schandflecken" der menschlichen Gesellschaft. Schmutzflecken, welche die Reinheit der Gemeinde trüben; Schandflecken, welche ihr zu ihrer Schmach anhängen; Scheusale und Pestbeulen. Eine Gemeinde, welche deren viele zählt, läuft Gefahr, mehr zur Verlästerung als zur Verbreitung der Wahrheit beizutragen. Ein Volk, welches in solchen Menschen das Urbild des eigenen Charakters findet, ist im Verderben begriffen. Denn die Sünde ist der Leute Verderben, nur die Rechtbeschaffenheit erhöhet ein Volk.

Die Rechtbeschaffenheit ist jedoch der Irrlehrer aller geringste Sorge. So wenig sie die Gerechtigkeit für sich suchen, so wenig vermitteln sie dieselbe ihrer Umgebung. Die Gesellschaft, der Verkehr mit unseren Brüdern und Schwestern ist uns Allen ein Bedürfnis. Wir sind nicht dazu geschaffen, um in mönchischer Zurückgezogenheit der Welt zu fluchen oder zu trotzen. Wir sind berufen mit den Fröhlichen uns zu freuen, mit den Weinenden zu weinen. Die ersten Christen blieben in Gemeinschaft und Brotbrechen. Was er gesehen und gehört, das schreibt Johannes, dafs seine Leser mit ihm und den anderen Aposteln Gemeinschaft haben. Die Gemeinschaft der Gläubigen ist das Ziel, dem wir nachjagen, ist das Urbild, welches uns bei allen Vereinigungen vorschwebt. Alle lebendigen Christen trachten und sehnen sich darnach. Gern benutzen sie die Gelegenheiten, welche sich in der Familie, in der Kirche, in dem allgemeinen Gesellschaftsleben bieten, um die Gemeinschaft zu pflegen, zu kräftigen, um sich an dem Glauben der Brüder zu stärken und zu erquicken.

Nicht so die Irrlehrer. Sie suchen zwar die Gesellschaften mit Vorliebe auf. Sie nehmen jede Einladung bereitwilligst an, setzen sich an jeden Tisch, auch ungeladen. Aber sie benutzen die Gelegenheit nicht, um christlich auf Herz

und Gemüth einzuwirken, um hinzuweisen auf die göttliche
Speise, auf das himmlische Manna, auf die frische Quelle, die
zum ewigen Leben führt. Ihr ganzes Sinnen ist nur auf das
irdische, niedrige gerichtet. Sie haben kein höheres Bedürfnifs,
als Essen und Trinken, Lügen und Betrügen.

„Sie schwelgen in ihren Betrügereien — sagt
der Apostel — indem sie mit euch prassen." Sie hecken
Lügen aus, statt Zeugnifs abzulegen von der Wahrheit und in
diesem Haschen und Jagen nach neuen Lügen, nach neuen Betrügereien finden sie ihre Seligkeit. Das macht ihnen Freude,
wenn sie wieder ein Mittel gefunden haben, um die leichtgläubigen Seelen irrezuführen, wankend zu machen. Wie der
Himmel sich freut über einen Sünder, der Bufse thut, so
freut sich die Hölle über ein Kind Gottes, welches zur Sünde
zurückkehrt. Welch' einen Hochgenufs bereitet ihnen doch die
Anpreisung ihrer betrüglichen Lehren! Wie schlau, wie klug,
wie gescheidt kommen sie sich vor! Wie wohl thut ihnen
jedes Zeichen der Zustimmung, des Einverständnisses! Kennt
ihr sie nicht, die Seelenmörder, welche mit aller Anerkennung
von Christus, von Christi Evangelium sprechen, die Erhaben-
heit, die Einzigartigkeit des Christenthums über alle Maafsen
preisen, sich selbst als die treuesten und aufrichtigsten Nach-
folger des göttlichen Heilandes ausgeben und dabei mit fröm-
melnder Miene, mit süfsem Lächeln vor den Uebertreibungen,
vor den Verirrungen des Glaubens — o nein, der Glaube
kann nicht irren — aber eines allzuschroffen, nicht zeitge-
mäfsen Standpunktes warnen? Solange man in der Welt lebt,
sagen sie, mufs man mit der Welt rechnen. Ist denn die
Schlangenklugheit nicht ein christliches Gebot? Freilich sollte
die Klugheit stets durch die Lauterkeit verklärt werden.
Allein wer kann inmitten von Falschen ohne Falsch bleiben?
Sind denn die Christen dazu verurtheilt von den Weltkindern
übervortheilt, zurückgestofsen, mifsbraucht zu werden? Nimmer-
mehr. Es ist unsere Pflicht solche Ränke zu hintertreiben
und die Anschläge der Weltkinder zu nichte zu machen. Wie
könnten sonst der Gottseligkeit die Verheifsungen des jetzigen

Lebens zuerkannt werden? Himmel und Erde läfst sich allerdings nicht miteinander vereinigen, aber bei allem Rennen und
Jagen nach dem Himmel dürfen wir doch nicht vergessen,
dafs unsere Füfse die Erde berühren. Mufs man nicht
manchmal Wasser in seinen Wein giefsen? — fragen sie
lächelnd den Nachbar, indem sie freundlich mit ihm ansto-
fsen. Wohlan denn, Mäfsigung, Selbstbeherrschung, das sei
auch unsere Loosung. So schwelgen sie in ihren Betrügereien, indem sie prassen und schmausen. Nichtswürdige
Charaktere. Gemeine Menschen, welche keinen anderen
Lebenszweck kennen, als die Befriedigung ihrer niedrigen Gelüste. Und je mehr sie schmausen, je länger sie prassen, um
so wohler und behaglicher fühlen sie sich in ihren Betrügereien. Denn ihre Reden finden Anklang. Haben auch einige
Tischgenossen schwerwiegende Bedenken, gewichtige Einwen-
dungen erhoben, so war doch die Unterhaltung eine lebhafte
und die Gegner mufsten schweigen. Sie werden bei der nächsten Zusammenkunft neue Betrügereien auftischen und den
erneuerten Angriffen wird es gelingen die Schwankenden für
ihre Anschauungen, für ihren Gott zu gewinnen. Und wollt
ihr wissen, welches dieser Gott ist, so verfolget nur ihr weiteres Thun und Treiben. Ihr äufseres Verhalten verräth die
innere Gesinnung.

Treten sie in Berührung mit Schwestern, „so sind
ihre Augen ganz eingenommen für das ehebreche-
rische Weib und unersättlich in der Sünde." Wo
sie bei einer oder mit einer zum Ehebruch geneigten zu Gaste
sind, haben sie für nichts Auge, als für die Buhlerin. Immer
wieder sehen sie nach ihr, sie können der sündlichen Augen-
lust nicht genug bekommen. Auch der ächte Jünger Christi
kann in Versuchung gerathen. Wenn aber das rechte Auge,
die rechte Hand ihn ärgert, so reifst er es aus, haut er sie
ab und wirft sie von sich. Denn es ist besser, dafs eines
seiner Glieder verloren gehe, als dafs der ganze Leib in die
Hölle geworfen werde (Matth. 5,29 ff.). Die falschen Jünger
hingegen nähren diese Gelüste in ihrem Innern und sehen

mit leidenschaftlicher Begierde fort und fort nach Gegenständen der bösen Lust aus. Ihre Augen sind unersättlich in der Sünde. Sie lassen sich von der sündlichen Begierde nicht zurückhalten: es spiegelt sich darin fortwährend das unruhige Verlangen nach immer neuer Sünde ab. Solcher Weise fröhnen sie ihrer Sinnlichkeit im Verkehr mit anderen. So pflegen sie den alten Menschen, der durch Lüste in Irrthum sich verderbet (Ephes. 4/22).

Alles wird dem lasterhaften Ungeheuer zum Raube. Selbst die Seelen, welche nach Wahrheit und Erkenntnifs suchen, werden von ihnen in schnöder Weise ausgebeutet. Aechte Jünger würden solche Hungernde und Dürstende mit dem Brote und Wasser des Lebens nähren und tränken: es würde ihnen zur Freude gereichen, sie dem zuzuführen, der Wein und Milch umsonst verkaufet und Allen gestattet aus seiner Fülle zu schöpfen Gnade um Gnade, Kraft um Kraft. Sie aber „locken unbefestigte Seelen an sich", gewinnen und fangen sie ein mit ihren gleifsenden, heuchlerischen Reden. Was fragen sie darnach, ob sie in der Wahrheit gegründet und befestiget werden? Wenn nur ihr Anhang sich mehrt und ihr Einflufs zunimmt. Darauf kommt ihnen Alles an. An der Spitze von grofsen Schaaren einherstolzieren und sich rühmen können, dafs alle diese Anhänger auf ihr Wort schwören, ihren Winken gehorchen und vor ihren Geboten sich unbedingt beugen — das ist ihr gröfster Ehrgeiz.

Doch nein. Dieser Ehrgeiz ist nur Mittel zum Zweck. Warum locken sie denn diese Schaaren an sich? Damit sie weiter schwelgen können. Es ist ihnen um das Geld und Gut der Angeköderten zu thun. Mit ihren künstlich ausgedachten Lehren suchen sie Gewinn von ihnen zu ziehen. All' ihr Lügen und Betrügen, Heucheln und Schmeicheln wurzelt schliefslich in der Habsucht.

Sie haben ein Herz „durchtrieben in Habsucht." Der Grundzug ihres Wesens ist der Geiz, und diesen Grundzug bilden sie bis zur Virtuosität aus. Sie machen aus der Gottseligkeit ein Gewerbe und je einträglicher dieses Ge-

werbe, desto inniger ihre Freude. Grundsätze, Rücksichten
gibt es bei solchen Lebensanschauungen nicht. Alles muſs sich
blindlings dem Ich unterordnen und das Ich befolgt kein
anderes Gebot als das der Habsucht: erhasche, vermehre!
Solche Schacherseelen sind euch Kaufleuten, Gewerbe-
treibenden schon oft begegnet. Habt ihr euch mit ihnen be-
freunden können? Keineswegs. Den Rücken habt ihr ihnen
gekehrt und mit dem Ausdrucke euerer Verachtung habt ihr
nicht gegeizt. Mit Recht. Was werdet ihr aber von denen
halten, die mit unsterblichen Seelen, mit himmlischen Lehren,
mit göttlichen Offenbarungen schachern, die aus Eigennutz
und Habsucht die Herzen verwirren, die Vertrauensseligen
betrügen, um sich selbst oder ihren Angehörigen gröſsere Reichthümer und Vortheile zu sichern? Wahrhaftig das sind „Kinder“ des Fluches! „Sie haben den geraden Weg
verlassen, sind irre gegangen, indem sie dem Weg
Bileams des Sohnes Beors nachfolgten, welcher den
Lohn der Ungerechtigkeit liebte, aber auch die Zurechtweisung seiner Gesetzesübertretung empfing:
das sprachlose Lastthier, in menschlicher Sprache
redend, wehrte der Sinnesverkehrtheit des Propheten.“ Einst haben sie freilich auf dem geraden, geradeaus
führenden Wege gestanden: nun aber haben sie einen vom
Ziele abführenden Weg eingeschlagen, denselben, den einst
Bileam, der Sohn Beor's, gegangen. „Bileam's Begierde,
Geld und Gut zu gewinnen, hat ihn, den Propheten Gottes,
dazu gebracht, seine Gabe der Weissagung in einen Dienst
zu begeben, in welchem sie eine dem erkannten Willen
Gottes widerstreitende, seiner Gemeinde verderbliche Verwendung finden sollte. Und durch die gleiche Begierde sind auch
diese dazu gekommen, ihre Lehrgabe so zu verwenden, daſs sie
die erkannte heilige Wahrheit zu verkehren und die Gemeinde
zu verwüsten dient“ (Hofmann). Diese Begierde nach dem er-
hofften Lohn erfüllte, beherrschte Bileam's Herz so gewaltig,
daſs er für die Erscheinung blind war und über das nicht
vorwärts zu bringende Thier erzürnte. Ja, er lieſs selbst dann

von seinem Wahnsinn nicht ab, als er eine so auffallende
Zurechtweisung seiner Uebertretung empfing, indem ein un-
vernünftiges Thier ihn, den Propheten, seiner Widervernunft
überführte. Dieser Vorgang hätte ihn doch zur Besinnung
bringen und ihn aus seiner nur auf den Lohn gerichteten
Gemüthsverfassung aufschrecken können. Es war umsonst.
Er, der Prophet, der Hörer göttlicher Rede, der des Allmächtigen Offenbarung siehet (4 Mos. 24,4), verstand die
Warnung seiner Eselin nicht.

So wird es auch den falschen Lehrern nicht an Warnungen
gefehlt haben oder fehlen. Gott, der einer Eselin den Mund
aufzuthun vermag, kann auch den Steinen eine Stimme verleihen. Aber die Warnung wird nichts fruchten. Sie haben
Augen, um nicht zu sehen, Ohren um nicht zu hören. Mit
der Ruchlosigkeit hält eben gleichen Schritt bei allen Irrlehrern die Oberflächlichkeit.

„Sie sind das baare Widerspiel dessen, wofür sie sich
ausgeben, indem sie grofse Erkenntnifs versprechen und nichts
leisten, Freiheit verheifsen und selbst Knechte der vergänglichen Dinge sind, um desto schlimmerem Verderben anheim-
zufallen" (Hofmann).

In der That es „sind wasserlose Brunnen." Wer
an mich glaubt, sagt Jesus, von defs Leibe werden Ströme
des lebendigen Wassers fliefsen (Joh. 7,38). Die Kinder Gottes
sind Wasserquellen, denen es nie an Wasser fehlt (Jes. 58,11).
Sie erfrischen, beleben, erquicken. Welch' eine Lebenskraft
geht doch von den treuen, lauteren Jüngern Jesu aus! Wie
köstlich ihre Tröstungen! Wie ermuthigend ihre Ermahnungen!
Wie heilsam ihre Strafen! Die Kraft, die sie trägt, erfafst
auch uns. Wir fühlen das Wehen des Geistes, der sie beseelt. Wir blicken zuversichtsvoll mit ihnen empor zu den
Bergen, von welchen uns Hülfe kommt. Dieser lebendig-
machende Einflufs aufrichtiger Gottesmänner ist euch gewifs
nicht unbekannt. Ihr habt ihn an euch selbst schon erfahren:
ihr wifst, wie viel ihr ihm zu verdanken habt. Was bieten
hingegen diese oberflächlichen Irrlehrer? Nichts. Es sind

geborstene Gruben, welche das Wasser nicht fassen (Jerem.
2/13). Brunnen ohne Wasser. Sie geben grofse Dinge
für und ist nichts dahinter (Luther). Sie haben nichts, das
man von ihnen lernen könnte. Versucht's einmal mit ihnen,
wenn ihr in der Noth, von Kummer gedrückt, verzagt, hoff-
nungslos dahinkriecht. Bittet sie um Hülfe, wenn die Trüb-
salswogen über euerem Haupte zusammenschlagen. Rufet sie
herbei, wenn ihr vor dem Tode, vor dem Gerichte zu zittern
anfangt. Wie seicht, wie hohl, wie leer wird sich ihr Ge-
schwätz erweisen! Kein Wunder! Sie können nichts bieten,
weil sie nichts besitzen. Es sind Brunnen ohne Wasser.
Mehr noch: „es sind vom Sturmwind gejagte Nebel." Nebel, die von der Erde aufsteigen und wieder von
einem, gleich ihnen von unten kommenden, von unten nach
oben streichenden Sturmwind, vertrieben werden. Gottes Lehre
trieft wie der Regen, seine Rede fliefst wie der Thau, wie der
Regen auf das Gras, wie der Tropfen auf das Kraut (5 Mos.
32/2). Sie befruchtet, sie befördert das Wachsthum aller
Früchte des Geistes. Aus unvergänglichem Samen, durch das
lebendige Wort Gottes wiedergeboren, wachsen die Christen
in allen Stücken an dem der das Haupt ist, Jesus Christus.
Die Lehre vom Himmel verhilft uns zu einem Leben im Himmel. Die falschen Lehrer aber sind wie Wolken und Wind
ohne Regen (Spr. 25/11). Sie steigen von unten auf und werden
von unten her wieder vertrieben. Sie haben keinen Bestand. Sie
kommen und gehen, steigen auf und fliegen davon. Höchstens
wirbeln sie etwas Staub auf, jagen sie einem Sand in die Augen
und hindern sie da und dort den steten, ruhigen Fortgang.

Doch nein, so unschädlich ist die Wirkung der falschen
Lehrer nicht. Sie hindern nicht blofs, sie halten auf, sie
drängen zurück, sie führen hinein in das Verderben. Welch,
eine Mühe gibt sich doch Jesus, um das zerknickte Rohr auf-
zurichten, um das glimmende Docht anzufachen! Mit welcher
Sorgfalt wacht der treue Jünger Jesu darüber, dafs der Schwache
im Glauben allmählich erstarke und in der Gnade festwurzele!
Er hört nicht auf zu begiefsen, zu besäen und er danket Gott

für jedes Zeichen eines gedeihlichen Wachsthums. Die falschen Lehrer hingegen suchen die himmlischen Pflanzen wieder
auszurotten. Sie geben sich alle Mühe diejenigen, „w e l c h e
d e n   i n   I r r s a l   W a n d e l n d e n   e n t r o n n e n   w a r e n", das
Christenthum bereits ergriffen hatten, wieder in die Sünde
zurückzuführen. Eine kleine Strecke hatten sie bereits auf
dem schmalen Wege der Wahrheit zurückgelegt. Gern hätten
sie sich an der Hand eines kundigen Führers dem Ziele ihrer
himmlischen Berufung genähert. Die Seelenmörder aber hindern sie daran, beschwätzen sie und treiben sie zurück auf
den breiten Weg, der ins Verderben führt.

Sie leisten eben ganz erkleckliches in der Ueberredungs-
kunst. Sie werfen um sich mit aufgeblasenen, hochtönenden,
schwülstigen Phrasen. Die ächten Zeugen des Evangeliums
reden einfach und schlicht. Die Einfachheit ist das Siegel
der Wahrheit. Die falschen Lehrer hingegen führen grofse Worte
im Munde. Wohl ist ihr Gerede „e i t l e r   S c h w u l s t", leeres
Gewäsch, aber wer kennt nicht die Macht der Phrase, wer
weifs nicht, wie gern die Durchschnittsmenschen einem gefälli-
gen Wortgeklingel ihr Ohr leihen? Schauen wir nur auf unsere
Zeit, auf unsere Umgebung. Wem glaubt die grofse Menge?
Wem spendet sie Beifall? Dem Maulhelden, dem Wortmacher.

Namentlich, wenn er ihren Leidenschaften zu schmeicheln
versteht. Das konnten die damaligen Irrlehrer auch schon.
Sie köderten ihre Opfer „m i t   f l e i s c h l i c h e n   L ü s t e n,   m i t
U e p p i g k e i t e n." Sie riefen die Fleischeslüste wieder in ihnen
wach und stellten ihnen neue Ausschweifungen in Aussicht.
Das gerade Gegentheil von dem, was das Evangelium fordert.
Die Botschafter Christi mahnen: dieweil wir solche Verheifsungen haben, so lasset uns von aller Befleckung des Fleisches
und des Geistes uns reinigen und fortfahren mit der Heiligung
in der Furcht Gottes (2 Cor. 7/1). Die Diener Satans lehren:
Das Fleisch macht lebendig. Jene predigen die Enthaltsam-
keit, diese die Zügellosigkeit. Dort regiert die Gottesfurcht,
hier herrscht die Weltlust und für die Weltlust werden die
Bethörten wieder zurückerobert.

Vielleicht wundert ihr euch, dafs diese Siege so leicht erfochten werden. Mit Recht. Bedenkt ihr aber, dafs die Irrlehrer Meister sind in der Schlauheit, so werden euch ihre Erfolge weniger befremden. Sie hüten sich wohl, mit dürren Worten ihre Absicht zu verrathen. Sie verbergen sie vielmehr hinter wohltönenden Redensarten. Die Weltlust wird gar nicht erwähnt. Wer möchte sich von solchen niederen Gesinnungen beherrschen lassen? Nein, sie kämpfen für höhere Güter. Ihr Ideal ist die Freiheit. „Sie verheifsen Freiheit, trotzdem sie selbst Sklaven des Verderbens sind." — Und mit dieser Lockspeise ist leicht ködern. Wessen Herz glüht nicht für Freiheit? Ein Leben, ein Denken, ein Handeln ohne Freiheit ist wie ein Leib ohne Seele. Auch die Kirche, auch das Evangelium kann sich ohne Freiheit nicht erhalten, noch entwickeln. Ist doch das Evangelium das Gesetz der Freiheit. Wo der Geist des Herrn ist, da ist Freiheit (2 Cor. 3/17). Darum mahnt auch der Apostel Paulus: so bestehet nun in der Freiheit, womit Christus uns frei gemacht hat und lasset euch nicht wieder unter das Joch der Knechtschaft bringen (Gal. 5/1). Aber welche Freiheit meint denn der Apostel? Es ist die Freiheit von Sünde und Tod, die Freiheit der Gotteskindschaft, zu welcher uns Jesus berufen hat, die Freiheit von allen Banden und Ketten der Weltlust und der Selbstsucht, die freudige und freiwillige Unterwerfung unter Gottes Wort und Wille. Doch von dieser Freiheit wollen die Irrlehrer nichts wissen. Sie sind ja „selbst Knechte des Verweslichen." Sie mifsbrauchen die Freiheit, um dem Fleische Raum zu geben (Gal. 5,13). Und für diese Freiheit, welche keinem Zwange des Gesetzes unterliege, die aber in Wahrheit nichts anderes ist, als Sklaverei, ereifern und bemühen sie sich. Fürwahr, erbärmliche Wichte, deren Verwerflichkeit aufser Frage steht.

Sie sind verwerflich schon defshalb, weil sie Knechte des Verweslichen sind, denn „von wem Jemand besiegt ward, dem ist er auch als Sklave verfallen." Sie dienen dem Fleische, sind Sklaven des Fleisches, theilen daher

das Loos des Fleisches. Wer nach dem Fleische lebet, muſs
mit dem Fleische sterben: Fleisch und Blut können das Reich
Gottes nicht ererben (1. Cor. 15/50). Der Mensch steht einmal so da, daſs er abhängig sein muſs von einer höheren
Macht. Entweder er ist abhängig von Gott — dann ist er
frei, weil er seiner Bestimmung treu bleibt, oder er ist abhängig von dem Satan — dann ist er nicht frei, weil die
Sünde vom Lebensziele abführt. Wer dem Verweslichen,
dem Irdischen, Weltlichen, Vergänglichen verfallen ist, darf
sich nicht wundern, wenn sich auch an ihm das Wort des
heiligen Geistes erfüllt: das Wesen dieser Welt vergeht
(1. Cor. 7/31). Die Knechte des Verweslichen sind dem Verderben verfallen. Unser Gott wird sie verwerfen, darum, daſs
sie nicht hören wollten (Hos. 9/17).

Und er wird sie weit von sich werfen, in die tiefste
Finsterniſs. „Die Nacht der Finsterniſs ist für sie
bereit gehalten." Die Lehrer leuchten wie des Himmels Glanz, die viele zur Gerechtigkeit weisen immer und
ewiglich (Dan. 12/3). Ihnen aber wird aufbewahret der Finsterniſs ewiges Dunkel. In der Nacht haben sie gelebt, in
die Nacht treten sie ein. Werke der Finsterniſs haben sie
vollbracht: Dunkel der Nacht wird sie umfangen. Für die
Nacht haben sie gewirkt: ewige Nacht wird ihre Belohnung.
Der Mensch erntet, was er gesäet hat. Wer Redliche irre
führt auf bösen Weg, der wird in seine eigene Grube fallen
(Spr. 28/10). Wehe dem, durch welchen Aergernisse kommen:
es wäre ihm besser, daſs ein Mühlstein um seinen Hals
gelegt, und er in das Meer geworfen würde, als daſs er einen
dieser Kleinen ärgere (Luc. 17/1—2)!

Wohlan denn — mit dieser Frage scheint der Apostel
nun schlieſsen zu wollen — werdet ihr euch die goldenen
Ketten der Gnade anlegen und hinaufziehen lassen in den
Himmel oder wollt ihr die ehernen Ketten des Satans tragen,
mit denen er uns hinabzieht in die Hölle? Ihr habt die
Wahl, bedenkt jedoch mit allem Ernste, was ihr thut. „Zumal bei denjenigen, welche einmal durch die Er-

Erkenntnifs des Herrn und Heilandes Jesu Christi den Befleckungen der Welt entronnen sind, hernach aber sich wieder in dieselben verstricken und überwinden lassen, das letzte schlimmer wird, als das erste. Denn es wäre ihnen besser, den Weg der Gerechtigkeit nicht erkannt zu haben, als sich nachdem sie ihn kennen gelernt haben, von dem ihnen überliefertem heiligen Gebote wieder abzuwenden. Es ist nämlich bei ihnen eingetroffen, was das wahre Sprichwort sagt: Ein Hund, der sich zum eigenen Gespei und eine gebadete Sau, die sich zum Wälzorte des Kothes zurückwendet."

Ihr seid, will er damit seinen Lesern sagen, den Befleckungen, den Gräueln, Sünden und Lastern der Welt, folglich auch den Menschen, welche die Schmutzflecken, die Schmach der Welt wie der Gemeinde sind, entflohen. Ihr seid frei geworden, habt das Joch der Knechtschaft abgeschüttelt und könnt nunmehr der Freiheit Vorrechte ungeschmälert geniefsen. Christus ist euer Erlöser und Friedensfürst. Und habt ihr das Eine, das Alles ersetzt, so werdet ihr mit ihm in Allem ergötzt. Wollt ihr nun dessen ohngeachtet den Herrn, seine Gerechtigkeit, eure Versöhnung wieder aufgeben? Es wird euch freilich nicht leicht werden. Denn Christus hält euch fest mit seinen Gnadenarmen, der heil. Geist hält euch fest mit seinen Liebesarmen. Trotzdem könnt ihr euch diesen Armen entwinden. Fühlt ihr euch dazu geneigt? Wollt ihr dem Drange des Argen nachgeben? Ihr seid frei, setzt eueren Willen durch. Wisset aber, dafs ihr dann in ein Verderben hineingerathet, welches viel schlimmer sein wird, als das erste gewesen ist, aus welchem ihr seid erlöset worden. Wer eben den Weg der Gerechtigkeit erkannt, die Gnade Gottes erfahren hat, den Frieden Christi geschmeckt und die Freude genossen hat, welche die Kindschaft uns bereitet, wer nach langer Irrfahrt das Vaterhaus gefunden und bald darauf die Irrfahrt dem Vaterhause, dem Vaterherzen vorzieht, der gibt dadurch deutlich genug zu erkennen, welch' ein

verkehrtes, verstocktes, unbuſsfertiges Herz in seiner Brust
wohnet. Wer weiſs, ob er sich jemals noch wird bekehren
können? Bei einem rückfälligen Christen steht es nämlich
eben so schlimm, wie bei einem rückfälligen Kranken. Jeder
Rückfall ist schwerer als die Krankheit selbst; tritt der
Rückfall zwei, dreimal ein, dann ist es in der Regel mit dem
Menschen aus. Schwerlich wird ihm ein Arzt noch helfen
können. Gerade so verhält es sich mit dem Menschen, welcher
geistlich genesen, sich wieder zurücksehnt nach der ver-
pesteten Luft der Welt. Damit soll freilich nicht gesagt
werden, daſs ein Rückfall die Genesung unbedingt ausſchlieſst.
Nein. Auch der wiedergefallene kann nochmals Buſse thun
und neuerdings Vergebung der Sünden erlangen. Aber je
leichter man es mit der Sünde genommen, desto schwerer
wird man Reue empfinden. Und von der Reue, von deren
Aufrichtigkeit und Tiefe hängt die Vergebung der Sünden,
unser endliches Schicksal, unser ewiges Heil ab. Mag
übrigens das schlieſsliche Ende sich wie immer gestalten,
es ist gewiſs ein widerwärtiger und schauderhafter Anblick
— für Gott, wie für uns — wenn ein Mensch, der von allen
Sünden rein gewaschen, in Jesu Christo, in seiner Liebe und
Gnade selig geworden war, sich wieder in den Sündenkoth
hineinbegibt, von neuem sucht, was er vorhin verabscheute
und begierig hascht nach dem, was ihm in der Bekehrung
zuwider geworden war. Fürwahr auf einen solchen Menschen
paſst das alte, vielleicht harte und derbe, aber durchaus wahre
Sprüchwort: Ein Hund, der sich zum eigenen Gespei und
eine gebadete Sau, die sich zum Wälzorte des Kothes zurücksehnt.

Wohin wollt ihr euch nun wenden? Wozu wollt ihr
euch entschlieſsen? Dort die Treue und die Krone des Lebens. Hier der Rückfall und das ewige Verderben. O Herr
wende deine Barmherzigkeit nicht von uns ab, laſs deine
Güte und Treue uns allewege behüten (Ps. 40/12)!

———

Die christliche Hoffnung.

II. Petri 3/1—10.

Man möchte fast glauben, dafs der Apostel auf dem Punkte war, seinen Brief hier abzuschliefsen. Die ersten Worte: „Dies ist die andere Epistel, die ich euch schreibe" klingen wirklich wie eine Wendung zum Schlusse. Aufserdem ist er bereits mit einem Theile seiner Ausführung zu Ende. Die Majestät seines Herrn hat er bezeugt; vor den falschen Lehrern, deren Vermessenheit und Nichtswürdigkeit hat er gewarnt und mit ernsten Worten hat er seine Leser aufgefordert zwischen Fluch und Segen zu wählen. Wahrhaftig, die Apostel folgen keinen klug ausgesonnenen Fabeln, sie stehen auf felsenfestem Grunde, ihre Lehre ist wohlbeglaubigt. Hingegen sind die Gegner Brunnen ohne Wasser, Wolken vom Sturmwinde getrieben und reden nichts anderes als aufgeblasene, eitle Worte. Die Leser sind genügend unterrichtet: er könnte schliefsen. Allein die Irrlehrer greifen nicht blofs die Majestät sondern auch die Wiederkunft Jesu Christi an. Hat er jene bezeugt, so mufs er auch diese noch begründen. Er ist daher verpflichtet von seiner Hoffnung Rechenschaft zu geben und seinen Glauben an die Wiederkunft Christi gegen Verneinungen und Vorurtheile zu vertheidigen. Eine richtige Erkenntnifs und Beurtheilung der Wiederkunft ist allerdings wie der Glaube selbst nicht Jedermanns Sache, allein sie kann uns dennoch, wie der Glaube, gewährt werden, wenn wir aufrichtig und ernstlich zu Gott allein aufblicken. Das ist der Gedanke, welcher dem verlesenen Abschnitt scheint zu Grunde zu liegen. So lafst uns

denn hören, was eine gewissenhafte Prüfung und Begründung
der Wiederkunft voraussetzt, wovor sie sich hütet und
worauf sie sich stützt. Was sie voraussetzt, sagt der Apostel gleich im
ersten Verse. In beiden Briefen will „er durch seine Erinnerung den lauteren Sinn der Leser erwecken."
Dieser lautere, reine Sinn d. h. die unverrückte Anhänglichkeit ans reine Evangelium, die aufrichtige Entschlossenheit
ihm zu folgen ist die unerläfsliche Vorbedingung aller Erkenntnifs, aller Heilsaneignung. Dem Aufrichtigen, dem Red-
lichen — sagen die Sprüche — läfst es Gott gelingen. So
jemand will — lehrt Jesus — den Willen thun defs, der
mich gesandt hat, der wird inne werden, ob diese Lehre von
Gott sei oder ob ich von mir selbst rede (Joh. 7,17). Die
göttliche Erkenntnifs setzt voraus göttlichen Sinn. Was
übrigens selbstverständlich ist und Niemanden befremden
sollte. Die Wissenschaft, welche uns die geistige Erkenntnifs
vermittelt, fordert geistiges Verständnifs, eine klare Vernunft,
eine gesunde Denkkraft. Die Musik, welche uns die herrliche
Welt der Töne, der Harmonie erschliefst, verlangt ein musi-
kalisches Ohr, ein empfängliches Gemüth. Die christliche
Erkenntnifs, deren Endzweck die Läuterung und Verklärung
der Menschen ist, mufs folgerichtig einen lauteren, reinen
Sinn voraussetzen. Wo dieser Sinn fehlt, fehlt das nöthige
Organ. Du magst die Schönheiten einer Dichtung mit den
glänzendsten Farben vor Augen malen, wer keinen Sinn für
Poesie hat, wird deine Begeisterung lächerlich finden. Du
magst einem sittlich Verkommenen die Nothwendigkeit, die
Herrlichkeit, den inneren und äufseren Nutzen der Gottesfurcht in einer geistbezwingenden Weise vorführen, will er
nicht hören, so versteht er auch nicht. Jede Erkenntnifs
setzt voraus ein entsprechendes Organ. Die Vorbedingung
für die christliche Erkenntnifs ist der lautere Sinn. Diese
einfache, elementare Wahrheit kann nicht oft genug wieder-
holt und eingeschärft werden. So viele Menschen beklagen
sich darüber, dafs sie in der Erkenntnifs nicht vorwärts

schreiten, dafs sie seit Jahren schon stille stehen, wo nicht
zurückgehen und entschuldigen sich damit, dafs die Zeit-
strömung, der Fortschritt, einer weiteren Entfaltung des
Glaubens hinderlich sei. Nein. Die äufseren Einflüsse hindern das Wachsthum nur insofern und in so lange, als der
lautere Sinn nicht treue Wacht hält. Ohne Lauterkeit des
Herzens, keine Klarheit des Geistes.

Diesen lauteren Sinn will der Apostel bei seinen Lesern
erwecken.

Er kann, er darf ihn also bei ihnen voraussetzen. Er
braucht ihn nur zu wecken. Er scheint etwas eingeschlafen
zu sein, allein die Erinnerung des Apostels wird genügen,
um ihn wachzurufen: er ist ja nicht todt, er schläft nur.
Schläft allerdings leicht und gern ein. Einmal ist es die
Welt, die natürliche Schwachheit oder Gleichgültigkeit, welche
ihm ein Wiegenlied singt; ein andermal ist es die Selbst-
gerechtigkeit, welche ihn einlullt. Ihr wifst es wahrschein-
lich aus eigener Erfahrung. Oder solltet ihr den lauteren
Sinn, die unverrückte Anhänglichkeit ans reine Evangelium,
die aufrichtige Entschlossenheit ihm zu folgen, noch gar nicht
kennen? Unmöglich, sonst wäret ihr keine Christen. Ihr
habt den lauteren Sinn, aber — nicht wahr? — er ist manchmal eingeschlummert unter dem lieblichen Klang schöner
Kirchenlieder, er ist hie und da erschlafft unter dem Drucke
menschlicher Ueberlieferung, er wurde getrübt durch Bei-
mischung irdischer Zuthaten. Ach wie fest schläft er doch
bei jenen Christen, welche auf beiden Seiten hinken, Gott
und der Welt zugleich dienen wollen! Wie wenig regt er
sich dort, wo das Evangelium die erste Autorität, Christus
der oberste Prophet zu sein, aufgehört hat! Und vergegen-
wärtigt man sich den Stillstand, den Rückschritt, welcher in
der römischen Kirche wie in so vielen Kreisen der evangelischen Christenheit zu beklagen ist, so drängt sich einem
unwillkürlich die Befürchtung auf, der lautere Sinn sei an
vielen Orten bereits todt und begraben. Zumal sich Führer
und Hirten vorfinden, welche die Erweckung dieses Sinnes

als ein Verbrechen gegen die alten kirchlichen Ueberlieferungen beklagen und bekämpfen. Es thut daher dringend
noth heute wie damals, die unverrückte Anhänglichkeit an
das reine Evangelium wie die aufrichtige Entschlossenheit
ihm allein zu folgen, als die unerläfsliche Vorbedingung jeder
christlichen Erkenntnifs, jedes evangelischen Lebens, allenthalben zu fördern, mit anderen Worten, den lauteren Sinn
wach zu halten.

Und wodurch kann dieser Sinn geweckt werden? Der
Apostel sagt es kurz und klar: Ich schreibe . . . . „dafs
ihr gedenket der Worte, die einst zuvor gesprochen
wurden von den heiligen Propheten und der Weisung euerer Apostel vom Herrn und Heiland." Der
lautere Sinn wird geweckt, wach gehalten durch die Erinnerung an das Wort der Propheten und an das Gebot der
Apostel.

Ein zwiefaches sollen die Leser im Gedächtnisse haben,
in Acht behalten. Das Eine sind die Prophetenworte der
Vorzeit, die Worte, welche die heiligen Propheten vordem
geredet haben. Das Andere ist die Weisung, die Lehre,
welche die Apostel als Weisung, als Lehre Jesu Christi ertheilt haben. Prophetisches Wort und apostolische Lehre
müssen mit einander verbunden bleiben und zusammen auf
uns wirken. Zumal das Gebot, die Vorschrift, die Lehre der
Apostel nicht ihre, sondern des Herrn Lehre ist. Die Apostel,
Petrus sowohl als Barnabas, Paulus und Silas haben die
Heilsbotschaft im Namen Jesu, kraft des heiligen Geistes
verkündet. Es weht allenthalben im Alten Testamente wie
in der neuen Verkündigung der gleiche Geist mit dem Un-
terschiede, dafs er dort weissagt, hier unterweiset. Wo dieses
Propheten- und Apostelwort höher geachtet wird, als alle
Menschenweisheit, da ist der lautere Sinn wach.

Propheten und Apostel, das sind, nach des heiligen Petrus Lehre, unsere höchsten und alleinigen Autoritäten. Wo
bleibt nun Raum für kirchliche Ueberlieferungen, für menschliche Satzungen, für bischöfliche oder päpstliche Vorschriften?

Wie läfst sich angesichts dieser Forderung die Unfehlbarkeit vertheidigen? Der lautere Sinn kann sich nur dort erhalten, wo man eingedenk bleibt dessen, was in der heiligen Schrift vorliegt und im Namen Jesu verkündigt wird. Der kirchliche Sinn braucht allerdings keine andere Nahrung, keine andere Pflege als die kirchliche. Und dieser Sinn wird sich mehr oder minder rein entfalten je nachdem die Kirche selbst, die ihn pflegt, dem Worte Gottes näher oder ferner steht. Der lautere Sinn hingegen, welcher die volle Wahrheit erkennen und durch die Wahrheit zur Freiheit gelangen will, ist begierig nach der vernünftigen, lauteren Milch, auf dafs er durch dieselbe wachsen möge (1 Petri 2/2). Das Wort ist ihm Speise und Trank, Licht und Leben. Und zwar das ganze Wort, das Wort des Alten, wie des Neuen Testamentes. Beide sind so enge mit einander verbunden, dafs eines ohne das andere nicht sein kann. Die Weissagung verlangt die Erfüllung und die Erfüllung setzt voraus die Weissagung. Das Alte ergänzt sich in dem Neuen, das Neue hat das Alte zur Grundlage. Je mehr wir dies Wort befolgen, welches wohlgeläutert ist (Ps. 119/140), desto reiner und lauter entwickelt sich unsere Sinnesweise, unsere Fähigkeit, die göttliche Offenbarung im Allgemeinen, die Lehre von der Wiederkunft Christi insbesondere zu erfassen, zu verstehen.

Das prophetische Wort ist ja ein Licht, welches an wüstem Orte scheint, bis der Tag durchbricht und lichtbringend aufgeht. Wer diesem Worte folgt, dem wird es schon gelingen, sich einen Weg durch das struppige Dickicht aller Vorurtheile zu bahnen. Das prophetische Wort ist göttliche Offenbarung. Wer sich durch dieses Wort erleuchten, belehren läfst, ist in der Schule des heiligen Geistes. Das Wort ist endlich ein strenger Richter, denn göttliche Weissagung verlangt göttliche Auslegung. Jede Willkür, jedes Vorurtheil mufs an ihm zu schanden werden. Unreine, einseitige, krankhafte, phantastische Vorstellungen können vor ihm nicht bestehen. So lauter die Rede des Herrn ist, so

lauter wird durch dasselbe unser Bekenntnifs, unsere Gesinnung. Vorausgesetzt nämlich, dafs wir das prophetische Wort
stets im Licht des Evangeliums betrachten, mit der Weisung Jesu Christi verbinden — denn die Lehre Christi
ist auf uns gekommen durch die, welche sie gehört haben
(Ebr. 2/3), durch die Apostel; das prophetische Wort mufs
seine Ergänzung und Erklärung in der Lehre Christi suchen.
Der lautere Sinn, das richtige Verständnifs für die Heilswahrheit kann sich nur dort entwickeln, wo wir vor
Schlaftrunkenheit, vor allerlei Träumereien und Wahnvor-
stellungen geschützt bleiben, wo der Geist des Herrn uns in
alle Wahrheit leitet. Solches gilt namentlich in Bezug auf
die Lehre von der Wiederkunft Jesu Christi. Denn der Herr
hat zwar mit aller Bestimmtheit sein Wiedererscheinen vorausgesagt. Sie werden sehen, hat er seinen Jüngern offenbart, des Menschen Sohn kommen in den Wolken mit grofser
Kraft und Herrlichkeit (Marc. 13 26). Doch gleich darauf
bemerkt er nicht minder bestimmt: von dem Tage aber und
der Stunde weifs Niemand, auch die Engel nicht im Himmel,
auch der Sohn nicht, sondern allein der Vater (Marc. 13/32).
Wollen wir nun in dieser Frage zur Klarheit gelangen, so
werden wir nicht die Aussagen der Propheten, oder die ver-
einzelten Aussprüche des Herrn für sich allein betrachten,
sondern jene mit diesen verbinden und diese in ihrer Gesammtheit beurtheilen. Dann erhalten wir die lautere Sinnesweise, welche uns das richtige Verständnifs vermittelt und wir
finden in ihr einen sicheren Schutz gegen alle Angriffe.

Und welches sind die Angriffe, vor welchen sich die
lautere Sinnesweise hier wird zu hüten haben? Es sind die
Angriffe der Spötter. „Ihr wifst es voraus — erinnert
der Apostel — dafs in den letzten Tagen Spötter
mit Spott auftreten werden, die nach ihren
eigenen Lüsten wandeln und fragen: Wo ist die
Verheifsung seiner Zukunft? Seit der Zeit, dafs
die Väter entschlafen sind, bleibt ja Alles wie es

vom Anfang der Welt her war." Zunächst und zumeist lehnen sich die Spötter gegen die Wiederkunft Christi auf. Mag sein, dafs auch ernst gesinnte Männer diese Lehre von der Wiederkunft bezweifeln oder in Frage stellen, aber Zweifel und Bedenken sind keine Angriffe. Auch gibt es manche, die ängstlich darüber nachgrübeln und inmitten dieser Grübeleien den rechten Weg verfehlen, aber Verirrungen sind noch keine Verführungen. Wieder andere zögern, zagen, halten mit ihrem Urtheile zurück und gelangen niemals zur Entscheidung, aber gerade ihre Unentschiedenheit zwingt sie zur Vorsicht in allen ihren Aeufserungen. Selbst über die Art und Weise der Wiederkunft, des endlichen Sieges Jesu Christi, können die Meinungen auseinander gehen. Niemals jedoch werden ernste Seelen darüber spotten. Im Gegentheil. Je mehr wir Christum als den König der Wahrheit anerkennen, desto sehnlicher erwarten wir ihn als König der Welt, als Richter der Menschen. Nein, gewissenhafte, ernste, wahrheitsliebende Menschen hüten sich die Wiederkunft Christi ohne weiteres zu leugnen, zu verwerfen. Eine solche Haltung ist nur bei Spöttern möglich.

Wifst ihr auch warum? Weil die „Spötter nach ihren eigenen Lüsten wandeln." Der Ursprung der Religionsspötterei ist fast immer im verdorbenen Herzen zu suchen, in Fleischeslüsten oder im Hochmuth. Hier zweifelsohne. Ihr Spott hat darin seinen Grund, dafs sie leben wollen, wie es ihnen behagt, statt wie Gott will: darum wollen sie nichts wissen von einem Ende der Dinge, das solchem Leben jähen Abbruch thäte. Ihr ganzes Dichten und Trachten ist auf die Erde gerichtet, von der Erde begrenzt. Sie kennen nichts Anderes, als die Lust der Welt, suchen nichts höheres, als die Befriedigung ihres Fleisches und wünschen nichts besseres, als die vergängliche Freude. Darum bewerfen sie die Lehre von der Wiederkunft Christi mit Schmutz und Koth. Wäre noch etwas ernster Sinn in ihrem Innern zurückgeblieben, sie würden sich durch diese Lehre zur Umkehr und Einkehr bestimmen lassen. Aber der Wandel in den Lüsten hat ihrem

Gemüth die Kraft des Glaubens und der Hoffnung entzogen und jene Frivolität erzeugt, mit welcher sich der irdische Sinn der ihn bedrohenden Verheißung der Erscheinung Christi zu erwehren sucht. Weil sie sich von dem Sündenkoth nicht reinigen wollen, setzen sie sich über alles Heilige hinweg und bekämpfen sie die Wiederkunft des Herrn.

Bekämpfen sie „gerade in den letzten Tagen", wo es mit der Welt und ihrer Zeit zu Ende gehen wird. Was übrigens leicht erklärlich ist. Solange die Hoffnung der Christen ruht, solange ruhen auch die Angriffe; sobald aber die Hoffnung sich zu regen beginnt, treten auch sie mit ihrem Widerstande hervor. Sie glauben nicht an die Ankunft Christi, wie können sie an die Wiederkunft glauben? Leugnen sie seine Majestät, so müssen sie auch folgerichtig seine Herrlichkeit verwerfen. Der Glaube an Christi Sieg ist nur dort möglich, wo der Glaube an sein Wirken lebt. Je lebendiger dieser Glaube, desto inniger die Hoffnung. Hingegen fällt die Hoffnung mit dem Glauben. Da nun die Spötter keinen Glauben, somit keine Hoffnung haben, bekämpfen sie auch die Wiederkunft des Herrn. Und bekämpfen sie in ihrer Weise, indem sie darüber „spotten". Wie der Mensch, so die Waffe. Der Gelehrte führt Gründe an, der Gewissenhafte erhebt Bedenken, der Leichtsinnige scherzt, der Spötter spottet. Der Spott ist seine Lieblingswaffe. Eine andere kann er gar nicht führen. Was ist denn, fragen sie höhnisch, mit der Verheißung „seiner" Zukunft? Seiner — wie unehrerbietig! Wie sieht es damit aus? Wann wird er kommen? Schon längst sind die „Väter", an welche die Verheißung ergangen ist, die Vorfahren, auf welche die Christenheit als auf ihre Ahnen zurückblickt, „entschlafen", und nirgends zeigt sich auch nur die geringste Spur einer Veränderung oder der Hinweis auf eine solche. „Alles bleibt wie es vom Anfang der Welt war." Jahre, Jahrzehnte, Jahrhunderte, Jahrtausende sind vorübergegangen. Die letzten Zeiten wurden inzwischen öfters verkündet, öfters erwartet. Was ist geschehen? Nichts. Die letzten Zeiten wurden immer wieder die ersten Zeiten

einer langen, reichgesegneten Entwicklungsperiode. Das Warten
der Väter war eitle Täuschung, auch unser Warten wird zu
schanden werden. Wenn irgendwo, so gilt hier das alte Sprichwort: Hoffen und harren macht manchen zum Narren. Schaut
euch nur um. Wo hat sich etwas geändert? Die Väter
sind entschlafen, die Kinder leben fort. Ja die nachfolgenden
Geschlechter alle, sie leben heute so wie die früheren von
Anfang der Welt an, gelebt haben. Nicht einmal die Verheifsung an und für sich hat etwas zu ändern vermocht.
Wie es war, so ist es, so wird es auch bleiben. Wohlan
denn, liebe Seele, ifs', trink', sei guten Muthes, und ihr, ge-
ängstigten Herzen, treibet euere Grillen aus und bedenket,
dafs jedem Tage seine eigene Plage genüge. Was kümmert
uns die Zukunft? Soll das Ende kommen, kommt es immer
zu frühe. Die Gegenwart allein ist Wirklichkeit und Wahrheit! Es lebe die Gegenwart!

So etwa treten die Spötter auf, so bekämpfen sie die
Wiederkunft Christi. Und dieser Spott hat schon Manchen
zu Falle gebracht, wird noch manchen seines Glaubens be-
rauben. Die Verfolgung stählt und stärkt: wir lassen uns
nicht so leicht durch die Gewalt entreifsen, was die Freiheit
uns gewährt. Die wohlbegründete Einwendung reizt zum
Nachdenken: wir suchen neue Schutz- und Trutzwaffen. Der
Spott hingegen lähmt, schwächt, schüchtert ein, namentlich
diejenigen, bei welchen das Gemüth überwiegt. Wo der
Geist den Listen und Künsten des Spottes nicht gewachsen,
erzeugt die Verhöhnung zuerst einige Verlegenheit, dann
falsche Scham und endlich — wenn keine Abwehr erfolgt —
Verrath und Verläugnung. Es gilt daher auf seiner Hut zu
bleiben und den Spöttern auf das entschiedenste entgegen-
zutreten. Wie feurig auch ihre Pfeile sein mögen, wir werden
sie auslöschen, wenn wir das Schild des Glaubens ergreifen
und uns auf den festen Grund Gottes stützen.

Welches ist dieser feste Grund Gottes (2 Tim. 2/19)
darauf wir uns stützen können? Es ist Gottes Werk, Gottes
Macht und Gottes Wesen.

Auf Gottes Werk stützen wir uns zunächst. Was von
Anfang gewesen, sagen die Spötter, wird immer sein. Ist dem
so? Nein. „Sie wollen eben nicht wissen, dafs vormals die Himmel und die Erde aus Wasser und
mittelst Wassers entstanden sind, durch das Wort
Gottes, und die damalige Welt der lebenden Wesen
dennoch, unter Zusammenwirkung von Himmel und
Erde, durch Wasserfluth zu Grunde ging." Wo bleibt
da der ewige und immerwährende Kreislauf der Dinge? Himmel und Erde bestehen nicht von Ewigkeit her. Sie sind
Gottes Werk. Gott hat sie ins Dasein gerufen. Sie waren
nicht, sie sind geworden. Zwar bestehen sie nun seit geraumer
Zeit. Aber ist denn seit ihrem Bestande alles unverändert
geblieben? Keineswegs. Die Welt, die einmal geworden, ist
bereits einmal verschwunden. So wenig gibt es einen immer-
während den Kreislauf der Dinge. Und merkwürdig genug —
dasselbe Element, aus welchem und durch welches die Welt
sich gestaltet hat, wurde das Mittel ihres Unterganges. Aus
dem Wasser ist die Erde hervorgegangen und zu dem Bestande
gekommen, in dem sie sich befand: bis die Wasser sich schie-
den nach oben und unten und die unteren Wasser ein trockenes
frei liefsen, lag nämlich das, was hernach Erde ward, im
Wasser begraben. Mittelst Wassers ist die Erde zu dem Bestande gelangt, in dem sie sich befand; denn das Wasser war
es, das sich schied nach oben, und das Wasser war es, das
sich zurückzog von dem Festen, so dafs Land und Meer ge-
sondert blieben. Und dieses gleiche Wasser mufste dazu
dienen, die damalige Welt der lebenden Wesen zu über-
schwemmen, zu Grunde zu richten. Gott hatte die Welt geschaffen, Gott liefs seine Geschöpfe wieder zerstören. Was
Gott ins Leben gerufen, kann er auch zu nichte machen. Wo
bleibt nun der ewige Kreislauf der Dinge? Ja, die gleichen
Elemente, die einmal zur Ausgestaltung mitgewirkt haben,
können ein anderesmal als Zerstörungskräfte verwendet werden.
Aus Wasser, mittelst Wassers sind Himmel und Erde entstanden, durch Wasser sind die Einwohner der Erde vernichtet

worden. Mehr noch. Himmel und Erde, welche aus Wasser und mittelst Wassers sich gebildet hatten, mufsten selbst dazu mithelfen, das Wasser herbeizuschaffen, in welchem umkam, was auf Erden lebte: durch die Regengüsse des Himmels und das Austreten der Erdflüsse und Meere ist die alte Welt, die erstgeschaffene, untergegangen. Das erstemal hat das Wasser den Himmeln und der Erde zum Bestande verholfen, kraft des göttlichen Schöpferwortes, nachher haben Himmel und Erde selbst das Wasser liefern müssen, welches zur Zerstörung der auf Erden lebenden Wesen erforderlich war. Somit gibt es keinen ewigen Kreislauf der Dinge. Was einmal gewesen, kann wieder vergehen und die gleiche Kraft kann verschiedenartig wirken. Nicht das starre, steife Naturgesetz, der lebendige Gott ist es, der in der Welt herrscht und regiert. Folglich ist die Berufung auf den Fortbestand der Dinge hinfällig. So wenig die Sündfluth ausgeblieben, weil früher keine stattgefunden hatte, so wenig wird der Tag des Herrn ausbleiben — weil er bis jetzt noch nicht erschienen.

Aber — könnten die Spötter ferner einwenden — Gott hat ja verheifsen, dafs fürder kein Fleisch mehr ausgerottet werden soll durch die Gewässer der Fluth und fürder keine Fluth mehr sein soll, die Erde zu verderben: — ist doch der Regenbogen das Zeichen des Bundes geworden zwischen Gott und allen lebendigen Wesen der Erde auf ewige Geschlechter — sollte etwa Gott nicht halten, was er gesagt? Die Spötter glauben damit der Christenhoffnung den Todesstofs zu versetzen. Nein. Sie vergessen nämlich, dafs die ewige Gerechtigkeit einerseits im Dienste der Heiligkeit steht und andererseits auf Gottes Allmacht sich stützt. Wie seine Gnade währet von Ewigkeit zu Ewigkeit über die, so ihn fürchten, so steht sein Angesicht wider die, welche Böses thun, dafs er ihr Gedächtnifs von der Erde vertilge (1 Petr. 3,12; Ps. 34,17). Dazu fehlt es ihm an Mitteln und Wegen nicht. Gottes Macht ist unbegrenzt. Ferner übersehen sie, dafs diese Verheifsung zwar die Verschonung, nicht aber die ewige Erhaltung des Weltalls verbürgt. Solange die Erde besteht, so lange sollen die leben-

den Wesen verschont bleiben. Aber kommt einmal das Ende
der Dinge — und dieses Ende bleibt nicht aus — dann werden die Gottlosen gerichtet und vernichtet. Und vernichtet
nicht durch Kräfte, welche Himmel und Erde hervorbringen
werden, sondern durch Himmel und Erde selbst. Denn —
fügt der Apostel hinzu — „die jetzigen Himmel und
Erde werden durch das nämliche Wort aufgespart
für Feuer, und aufbewahrt auf den Tag des Gerichts und Verderbens der gottlosen Menschen."
Einmal bedient sich der Allmächtige des Wassers, ein
anderesmal des Feuers. Die gleiche Macht, welche damals
die Welt der Sündfluth anheimgegeben, spart nun die Himmel, die sich dermalen über uns wölben und die Erde, die
uns dermalen trägt, für das Feuer auf und bewahrt sie auf
den Tag des Gerichts und Verderbens der gottlosen Menschen.
Und soviel Wasser und Feuer verschieden sind, so verschieden
ist auch die Verwendung, wofür Himmel und Erde aufgespart
werden. Damals dienten sie dazu, das vorhandene Menschen-
geschlecht zu vertilgen; später werden sie selbst durchs Feuer
mit zerstört werden, denn für das Feuer des Endgerichtes
werden sie wie ein Schatz mit aller Sicherheit und Sorgfalt
bewahrt. Dieses Ende der Schöpfungswelt wird für die
gottlosen Menschen der Tag des Gerichtes und des Verderbens
werden. Die Sündfluth war ein vorübergehendes Gericht, bei
welchem Himmel und Erde bestehen blieben. Das Gericht
durch Feuer ist das Endgericht und also das Ende des gegenwärtigen Weltbestandes überhaupt. Nirgends ein ewiger
Kreislauf der Dinge. Zwar ist die Welt dermalen im Zustande
der Bewahrung, aber welch' einer Bewahrung? Einer Bewahrung zum Endgericht.

Wann wird sich dieses Endgericht vollziehen? Das wissen
wir freilich nicht. Denn Gottes Wesen ist nicht eines Menschen Wesen. „Ein Tag bei dem Herrn — dies Eine
möge nicht verborgen bleiben — ist wie tausend
Jahre und tausend Jahre sind wie ein Tag." Das
Zeitmaaſs, an das die menschliche Anschauung gebunden ist,

leidet auf Gottes Anschauùng keine Anwendung. Was uns
längste Zeit, ist für Gott kürzeste Zeit. Gott rechnet nach
der Ewigkeit, wir nach der Zeitlichkeit. Er hat einen anderen
Kalender als wir. In der richtigen Erkenntnifs diefes Einen,
das wir ja nicht übersehen dürfen, liegt der Schlüssel des
Ganzen. Bleibt diese Erinnerung immer wach, dann wird die
Verhöhnung der Spötter keinen Eindruck mehr auf uns machen.
Was heute nicht geschehen, kann morgen sich ereignen, wenn
auch das Morgen möglicherweise eine unübersehbare Reihe
von tausend und abertausend Jahren ist. Aber einmal wird
das Ende doch kommen. „Denn der Herr verziehet nicht,
wie es etliche für eine Verzögerung der Verheifsung
halten, sondern er ist langmüthig gegen uns, indem
er nicht will, dafs Gewisse verloren gehen, sondern
dafs Alle zur Bufse gelangen.“

Statt zu spotten, sollten wir mit Danken vor sein Angesicht kommen und mit Psalmen ihm jauchzen; denn das Hin-
ausrücken des Endgerichtes ist die Folge seiner Güte und
Barmherzigkeit. Etliche schreiben der Erfüllung der Verheifsung Langsamkeit zu, als ob Gott zögerte und diese Zöge-
rung in der Unentschlossenheit ihren Grund hätte. Sie irren.
Gott verzieht nicht. Er ist nicht ein Menschenkind, dafs ihn
etwas gereue (4 Mos. 23,19). Ich, Jehovah, habe es geredet,
es kommt, und ich thue es; ich erlass es nicht, und ich
schone nicht und lasse michs nicht gereuen. Nach deinem
Wandel und nach deinen Thaten soll man dich richten, spricht
der Herr Jehovah (Ezech. 24,14). Wie der Sohn, so der
Vater: er ist nicht Ja und Nein, sondern Ja (2 Cor. 1/19).
Sein Wort bleibet ewiglich. Aber warum schiebt er die Er_
füllung desselben solange hinaus? Weil unbegrenztes Erbarmen
sein Herz erfüllt. Wie seine Zeit ewig, so ist seine Gnade
unendlich. Gott ist nicht langsam, er ist vielmehr langmüthig. Sein scheinbares Säumen ist Treue und Liebe. Seine
Langmuth verlängert die Gnadenfrist, uns zum Heile. „Seine
Güte, die gerne Alle ohne Unterschied zur Bufse gelangen
sähe, verwaltet die für ihn selbst, den Ueberzeitlichen, aus-

dehnungslose Zeit so, dafs Niemand um deretwillen verloren
geht, weil es ihm an Raum fehlte, Bufse zu thun" (Hofmann).
Doch wehe denen, die in ihrer Verstocktheit verharren!
Auch Gottes Langmuth hat ihre Grenzen. „Der Tag des
Herrn wird kommen, wie ein Dieb" — so unangemeldet,
unerwartet, aber auch so schrecklich und herzlos wie der
Dieb. Inmitten ihrer irdischen Lustbarkeit wird er sie plötzlich überfallen und ihnen, den irdisch Gesinnten, Alles entreifsen, was sie ihr eigen nannten. Dann werden sie den Lohn
ihrer Ungerechtigkeit empfangen und an sich selbst zu ihrem
Schrecken erfahren, wie wahr der Ausspruch des Herrn gewesen: der Himmel und die Erde werden vergehen, aber
meine Worte werden nicht vergehen (Marc. 13/31). „Denn
an jenem Tage werden die Himmel dahin rauschend
vergehen, die Elemente in Gluthhitze sich auflösen
und die Erde sammt allen ihren Werken wird verbrennen." Der Himmel, das über alle, die auf Erden wohnen,
in unwandelbarer Spannung sich dehnende Gewölbe, wird wie
im Nu, sausenden Fluges, hinwegschwinden. Die Grundbestandtheile der sichtbaren Welt werden erglühen, in Atome
sich auflösen — wie viel zerstörender wirkt doch dieses Feuer
als die frühere Ueberfluthung! — und die Erde selbst mit
allen Werken, d. h. die Erde sammt der Mannigfaltigkeit
ihrer Gebilde, wird verbrennen.

So wird die Welt und die Gesammtheit derer enden,
welche nur für die Welt gelebt haben.

Ein furchtbares Ende! Mit dem Spott, mit dem Trotz ist
es nun aus, der Tag des Herrn ist gekommen wie ein Verderben vom Allmächtigen (Joel 1.15).

Wie wird der Tag des Herrn für uns kommen? Als ein
Dieb, oder als ein Erlöser? Zum Richten oder zum Retten?
Um uns die Pforte der Hölle zu öffnen oder um uns den
Eingang zu dem ewigen Reich unseres Herrn und Heilandes
Jesu Christi reichlich darzureichen?

Gott will nicht, dafs Gewisse verloren gehen, er will vielmehr, dafs sich Alle zur Bufse kehren. So lasset uns denn

Gott, den Vater Jesu Christi, bitten, daſs er uns in Gnaden schenken wolle, was zum christlichen Leben, zum göttlichen Wandel dient.

Mag dann der Tag kommen, wann und wie immer, wir sind bereit, unserem Bräutigam mit brennenden Lampen entgegen zu gehen und wir werden das Abendmahl mit ihm halten und er mit uns. Wer überwindet — so sagt der Herr — dem will ich verleihen, mit mir auf meinem Throne zu sitzen, wie auch ich überwunden habe und mich gesetzt zu meinem Vater auf seinen Thron. Wer Ohren hat, der höre, was der Geist den Gemeinden sagt (Offb. Joh. 3/21—22).

Die himmlische Rüstung.

II. Petri 3/11—18.

Der Tag des Herrn — haben wir letzthin gehört — wird kommen als ein Dieb. Der Himmel über uns wird im sausenden Fluge dahinschwinden. Die Grundbestandtheile des Weltraumes werden, von der Gluthhitze ergriffen, schmelzen und in Atome sich auflösen. Die Erde unter uns wird sammt der Mannigfaltigkeit ihrer Gebilde durch Feuer vernichtet werden. Die Verheifsung geht der Erfüllung entgegen. Der Herr zögert nicht. Alles ist seiner Natur nach zur Auflösung bestimmt. Daran ist nicht zu zweifeln. Daran zweifeln wenigstens die Christen nicht, denn sie harren der Erscheinung des Tages des Herrn und beschleunigen dieselbe durch ihre Gebete. Welch' ein Unterschied zwischen den Jüngern des Herrn und den Irrlehrern! Diese spotten, jene hoffen. Die einen lachen über die Zukunft und verschreiben sich der Gegenwart. Die Anderen erheben sich über die Gegenwart und warten auf die Zukunft. Doch darauf allein beschränkt sich der Unterschied nicht. Die bessere Erkenntnifs legt auch höhere Verpflichtungen auf, die himmlische Zuversicht erfordert auch ein heiliges Leben. Im Reiche Gottes mufs einmal das Leben der Lehre entsprechen. So die Erkenntnifs, so das Verhalten; so die Zuversicht, so das Streben. Und dieser Unterschied zwischen Weltkindern und Himmelsbürgern ist die naturgemäfse Folge unseres Glaubens an die Wiederkunft Christi. Zumal nichts so sehr zum heiligen gottseligen Wandel anspornt als der Gedanke an das Ende aller Dinge, an Tod, Gericht und ewige Entscheidung. Darum schliefst

auch der Apostel seinen Brief mit einer eindringlichen Ermahnung an seine Leser, dafs sie ihrer Erwartung eingedenk,
ihr Leben, der christlichen Erkenntnifs und Zuversicht gemäfs, gestalten mögen. Diese Ermahnung aber bewegt sich
nicht in allgemeinen Sätzen oder Redensarten, der Apostel
stellt vielmehr ganz bestimmte Forderungen auf. Er verlangt
nämlich, dafs die Christen angesichts der erwarteten Erscheinung des Herrn, in der Heiligung wandeln, wurzeln und
wachsen. Das nähere hierüber werden wir im Laufe unserer Betrachtung vernehmen.

Dafs wir in der Heiligung wandeln — das ist seine
erste Forderung. „Da nun Alles aufgelöst wird —
schreibt er — wie mächtig sollt ihr sein im heiligen
Wandel und in der Gottseligkeit!“ Wie mächtig, wie
eifrig, wie geschäftig! Da gilt es keine Zeit zu verlieren.
Jeder Tag, jeder Augenblick ist von besonderem Werthe.
Welch' eine Schande, wenn der Herr uns unvorbereitet fände!
Nein, wir dürfen die Hände nicht in den Schoofs legen, die
Zeit der Ruhe ist noch nicht gekommen. Solange der Herr
erwartet wird, solange gilt es die nöthigen Vorkehrungen zu
treffen. Und damit ja nichts versäumt, vernachlässigt, unterlassen werde, müssen wir uns überall genau umschauen, das
Kleinste wie das Gröfste mit aller Sorgfalt überwachen. Wie
die Erwartung, so die Vorbereitung. Ein kleiner Anfang,
einige Ansätze genügen nicht. Eine laue, laxe Vorbereitung
verräth einen unsicheren Glauben. Hie und da aus seinem
Schlafe erwachen und während weniger Stunden gedankenlos,
planlos sich abmühen, bringt uns nicht weit. Die hastige
Vorbereitung zeugt von unstetem Glauben. Sind wir fest gegründet, wurzelt unsere Zuversicht in einem unerschütterlichen,
lebendigen Glauben, dann hören wir nicht auf, uns fort und
fort auf die Ankunft des Herrn vorzubereiten. Und wie
mächtig, wie eifrig, wie unermüdlich und freudig! Ist's doch
der Tag des Herrn den wir erwarten. Was thut ihr nicht alles,
um euch auf einen festlichen Tag in der Familie vorzubereiten!
Wie viele Arbeiten, Anstrengungen, schlaflose Nächte und

überfüllte Tage! Alles soll zur rechten Zeit fix und fertig
da stehen. Und je gröfser die Feier, desto mannigfaltiger
die Vorbereitung, desto inniger die Arbeitsfreudigkeit. Man
fühlt keine Müdigkeit, scheut keine Anstrengung, achtet kein
Opfer. Es macht sich Alles so leicht, es erscheint einem
Alles so natürlich und selbstverständlich: die Liebe beseelt
das Herz, das Herz bewegt die Hand. Ungetrübte Freude
soll den Festtag verherrlichen, die Freude aber wäre getrübt,
wenn sich die Vorbereitung als mangelhaft, als ungenügend
erwiese. Nichts wird versäumt dem Familientage zu lieb.
Was ist nun solch' ein Festtag im Vergleich zu dem Tag
des Herrn? Da wird Jesus Christus selbst in aller seiner
Herrlichkeit erscheinen. Welch' ein grofsartig, gewaltig Ereignifs! Welch' eine grofsartige, gewaltige Vorbereitung, erheischt solch ein wunderbarer Besuch! Ach wie mächtig, wie
eifrig, wie sorgfältig werden wir uns darauf vorbereiten!

Wie vorbereiten? Indem wir uns „üben im heiligen
Wandel und in der Gottseligkeit." Erwartet ihr einen
Freund, von dem ihr wifst, dafs gewisse Gegenstände oder
Gespräche ihn betrüben, kränken oder verletzen könnten, so
entfernt ihr vor seiner Ankunft diese Gegenstände und ihr
sorgt dafür, dafs die heiklen Fragen nicht besprochen, nicht
einmal berührt werden. Hat ein hoher Gast sein Erscheinen
zugesagt, so schmückt ihr das Haus und ihr legt euere Fest-
und Feier-Gewänder an. So entfernen auch wir aus unserem
Hause, aus unserem Herzen alles, was den himmlischen Gast
betrüben oder kränken könnte; so meiden wir alles Thun und
Reden, was ihm mifsfallen würde; wir legen ab den alten Adam
und ziehen an den neuen Menschen der erneuert wird nach
dem Bilde dessen, der ihn erschaffen hat (Col. 3/10). Die
Erwartung des Herrn treibt uns zur Heiligung. Die wahre
und würdige Vorbereitung auf das Kommen des Herrn ist
die Vollendung der Heiligung in der Furcht Gottes (II. Cor.
7/1). Und dabei ist es ganz gleichgültig, wie wir uns das
Kommen des Herrn vorstellen. Ob wir zu Christus oder
Christus zu uns kommt, das ist in dieser Beziehung einerlei.

Die Hoffnung auf den Herrn schliefst die Sünde aus, erheischt die ununterbrochene Ausbildung und Kräftigung des inneren Menschen durch den heiligen Geist. So wenig Wasser und Feuer sich vereinigen, so wenig vertragen sich christlicher Glaube und weltliches Leben. Was haben Gerechtigkeit und Frevel für Theil aneinander? oder was hat das Licht für Gemeinschaft mit der Finsternifs? Wie stimmt Christus mit Belial oder was hat der Gläubige mit den Ungläubigen zu theilen? Wie verträgt sich Gottes Tempel mit den Götzen? (2. Cor. 6, 14—16.) Entweder wir sind gläubig und befleifsigen uns, nicht unthätig und unfruchtbar zu bleiben hinsichtlich der Erkenntnifs unseres Herrn Jesu Christi, oder wir vergessen der Reinigung unserer vorigen Sünden und unterlassen es die Berufung und Erwählung durch die Gottseligkeit festzumachen, dann sind wir gewifs, trotz aller christlichen Redensarten, ungläubige Weltkinder. Ist die Hoffnung auf den Herrn lebendig, so weckt sie unsere Herzen aus dem Schlafe der Gleichgültigkeit, der Weltliebe, macht uns lebendig und führt uns auf einen neuen, lebendigen Weg, dafs wir unserem Hohenpriester entgegengehen mit wahrhaftigem Herzen in der Fülle des Glaubens, gereinigt im Herzen vom bösen Gewissen und am Leibe gewaschen mit reinem Wasser (Ebr. 10 22—23). Das Festhalten an dem Bekenntnifs der Hoffnung zwingt uns zum heiligen Wandel, zur Gottseligkeit. Und nicht blofs zu dem heiligen Wandel und zu der Gottseligkeit überhaupt, sondern — gemäfs dem griechischen Urtext — zu den heiligen Wandeln und zu den Gottseligkeiten. Die Frömmigkeit in ihren verschiedenen Aeufserungen und Vorgängen ist Gegenstand unseres Strebens. Wir begnügen uns nicht damit eine Tugend zu pflegen, wir pflegen alle. Wir üben uns nicht in einem guten Werke blofs, wir üben uns in allen. Wir wenden allen Fleifs an, um darzureichen in unserem Glauben die Tugend, in der Tugend die Erkenntnifs, in der Erkenntnifs die Mäfsigung, in der Mäfsigung die Geduld, in der Geduld die Gottseligkeit, in der Gottseligkeit die brüderliche Liebe und in der brüder-

lichen Liebe die allgemeine Menschenliebe. Was immer der
Glaube, die Liebe, die Hoffnung verlangt, im grofsen oder
kleinen, das streben wir an. Ob in der Kirche oder in der
Schule, im Hause oder auf der Strafse, im Verborgenen oder
vor der Welt, ob Herr oder Diener, reich oder arm, wir jagen
nach dem Kleinod, welches uns vorhält unsere himmlische
Berufung, wir lassen uns verklären in das Bild des Herrn
von einer Klarheit zur anderen. Die Aehnlichkeit zwischen
Christus und uns soll nicht blofs in diesem oder jenem Zuge
bestehen, die Aehnlichkeit mufs eine allgemeine, allseitige
werden. Die Christen befleifsigen sich eines allseitig und
allzeitig heiligen Wandels „unter Erwarten und Ersehnen der Ankunft des Tages des Herrn.“ Ihr
ganzes Thun und Lassen wird durch die Hoffnung auf das
Kommen des Herrn bestimmt. Da sie diesen Tag mit Sehnsucht erwarten, ihn sogar eifrig begehren, mit ihren Gebeten
herbeiwünschen, um Beschleunigung seiner Ankunft bitten,
üben sie sich fort und fort in jedem heiligen Wandel, in
allem frommen Thun. Die Spötter fragen: Wo ist die Verheifsung seiner Zukunft? — und werden Knechte des Verweslichen. Die Christen beten: Komm Herr Jesu, komme
bald — und machen sich frei, als Kinder Gottes, vom Gesetz
der Sünde und des Todes. Jene fallen immer mehr dem irdischen, dem vergänglichen anheim, diese werden mit jedem
Tage geschickter zu dem Erbtheil der Heiligen im Lichte.
Ach wie sehr erwarten und ersehnen sie die Ankunft des
Herrn! Ach wie mächtig werden sie in allerlei heiligem
Wandel und Gottseligkeit! Der Herr kann morgen, heute
kommen: sie wollen bereit sein, um alsobald, beim ersten An-
klopfen, die Thore weit zu öffnen, dafs der König der Ehren
einziehe. Darum ergreifen sie die ganze Rüstung Gottes und
stehen da, wartend und betend, gegürtet mit Wahrheit, be-
kleidet mit dem Panzer der Gerechtigkeit, beschuhet an den
Füfsen mit der Bereitschaft des Evangeliums des Friedens
und wohl geborgen hinter den Schild des Glaubens, unter
dem Helm des Heils, durch das Schwert des Geistes

(Eph. 6,14—17). O selig die Knechte, welche der Herr, wenn er kommt, wird wachend finden! Wahrlich ich sage euch — spricht Jesus Christus — er wird sich umschürzen und wird sie zu Tische setzen und hinzutreten und ihnen dienen (Luc. 12,37). Welch' köstliche Verheifsung! Und wifst ihr, wo sich die Verheifsung erfüllen wird? In dem neuen Himmel, auf der neuen Erde.

Die Erscheinung des Tages des Herrn — um welches willen die Feste des Himmels in Feuer aufgelöst und die Elemente im Brande schmelzen werden —, ist vor allem ein Tag der Erneuerung und Neugestaltung. Der Eintritt jenes Tages wird freilich eine gewaltige Zerstörung als mittelbare Wirkung in seinem Gefolge haben, aber die wesentliche Bedeutung dieses Tages besteht nicht in dem, was vergehen, sondern in dem, was Gott werden und schaffen wird. Der Tag des Herrn ist weit mehr der Anfang einer neuen, als das Ende einer alten Welt. „Wir warten aber, seinen Verheifsungen gemäfs, auf neue Himmel und auf eine neue Erde, in welcher Gerechtigkeit wohnt." Diese neue Welt ist der Gegenstand christlicher Hoffnung. Was die Propheten vorher gesagt, was Gott durch sie verheifsen hat (Jes. 65,17; 66,22) wird in Erfüllung gehen. Dann wird die Herrlichkeit unseres grofsen Gottes und unseres Heilandes Jesu Christi (Tit. 2,13) nicht blofs auf dem Berge Sinai, zu Zion oder zu Garizim, bei diesem oder jenem Volke, sondern allenthalben sich offenbaren und es werden ihn anbeten alle Inseln unter den Heiden, ein Jeglicher an seinem Ort (Zeph. 2,11). Neue Himmel, eine neue Erde sind entstanden und die Erde, dem Himmel nunmehr gleich, ist der Wohnsitz der Gerechtigkeit geworden. Sie, die bisher die Wohnstätte und das Herrschaftsgebiet des Argen gewesen, wird von nun an die Wohnstätte der Gerechtigkeit sein. Nicht blofs rechtschaffenes Wesen wird darin zu finden sein — solches begegnet uns schon jetzt bei allen, welche zum Volke des Eigenthumes gehören und die Tugenden verkünden defs, der sie berufen hat von der Finsternifs zu seinem wunderbaren

Licht (1. Petri 2 9). Nein, die Gerechtigkeit selbst wird der
Erde ihre Gestalt einprägen, sie zur entsprechenden und blei-
benden Wohnstätte der Gerechtigkeit umbilden. Wenn über
uns sich ausgiefst der Geist der Höhe, — weissagt Jesaias
(32,15—17) — dann wohnet Recht in der Wüste und Gerechtigkeit weilet im Baumgarten und der Gerechtigkeit Werk
ist Friede und der Gerechtigkeit Frucht Ruhe und Sicherheit
auf ewig. Und ich sahe einen neuen Himmel und eine neue
Erde — versichert die Offenbarung Johannis (21 1—3) — und
hörte eine grofse Stimme von dem Himmel, die sprach: Siehe
da, eine Hütte Gottes bei den Menschen, und er wird bei
ihnen wohnen, und sie werden sein Volk sein und er selbst,
Gott mit ihnen, wird ihr Gott sein. Das Erste ist vergangen,
es ist alles neu geworden. Die Sünde ist nunmehr überwunden, ein heiliges Reich, das Reich Gottes ist vollendet.
Was durch die Sünde vernichtet worden, wird durch die Gnade
wieder hergestellt: ein neues Paradies ist entstanden.

Das ist der Christen Hoffnung. Könnten sie nun bei
solcher Erwartung noch der Sünde dienen? Unmöglich. Ist
das Reich der Gerechtigkeit ihre Sehnsucht, so wird der
Wandel in der Gerechtigkeit ihre Verpflichtung. Ihr ganzes
Sinnen und Wirken bleibt darauf gerichtet, dafs sie in der
Heiligung erhalten und immer tiefer und fester darin gewurzelt werden.

Dazu ermahnt auch der Apostel. Seine zweite Forderung lautet: „Darum, Geliebte, weil ihr solches erwartet, so befleifsigt euch fleckenlos und untadelhaft im Frieden erfunden zu werden und achtet
die Langmuth des Herrn für euer Heil."

Fleckenlos, untadelhaft, sollen wir erfunden werden. Ihr erschreckt. Wer mag dann vor dem Herrn bestehen?
Bleiben wir nicht unnütze Knechte, selbst wenn wir Alles gethan hätten, was uns befohlen war (Luc. 17/10)? Wissen wir
nicht, dafs aus den Werken des Gesetzes kein Mensch vor
ihm wird gerecht gesprochen werden (Röm. 3,20)? Mufs nicht
der Apostel Paulus selbst bekennen, dafs er das vorgesteckte

Ziel noch nicht erreicht habe, dafs er nicht vollkommen sei
(Phil. 3/12)? Von vollkommenen, geschweige denn über-
schüssigen Werken weifs er nichts, nun verlangt Petrus, dafs
wir unbefleckt, untadelhaft erfunden werden? Ist das nicht
eine Forderung, die unsere Kräfte übersteigt und der evangelischen Lehre widerspricht? Zweifelsohne.

Bevor wir aber solch' ein Urtheil fällen, geziemt es sich,
die Ermahnung des Apostels genauer, eingehender zu prüfen.
Stellt er denn wirklich dieses ungeheure Ansinnen an seine
Leser? Mit nichten. Zunächst verlangt er nur, dafs sie sich
befleifsigen. Er weifs, dafs wir niemals hier auf Erden
zur Vollkommenheit gelangen können. Die eigene Erfahrung
hat es ihn gelehrt. Der Geist ist willig, aber das Fleisch
ist schwach. Wie unser Erkennen und Weissagen, so bleibt
auch unser Thun eitel Stückwerk. Die Erkenntnifs unserer
Unzulänglichkeit darf uns aber nicht zur Trägheit verleiten.
Im Gegentheil. Je weniger wir zu leisten vermögen, desto
eifriger sind wir bestrebt in dem wenigen das höchste zu erreichen. Von Christo ergriffen eilen wir dem vorgesteckten
Ziele nach, ob wir es auch ergreifen mögen. Nur in diesem
Sinne könnte der Apostel die Christen auffordern, sich zu befleifsigen fleckenlos, untadelhaft erfunden zu werden. Wir
würden jedoch die vorliegende Ermahnung nicht verstehen,
arg mifsdeuten, wenn wir ihr selbst diesen Sinn unterschieben
möchten. Dem Apostel schwebt ein ganz anderer Gedanke
vor. Er fordert nämlich — und das ist es, wozu er uns
ermahnen will — dafs wir fleckenlos, untadelhaft erfunden
werden im Frieden. Darauf legt er die Betonung.
Nicht von den Werken, noch von dem Wandel ist hier
die Rede, sondern von dem Frieden. Im Frieden sollen
wir fleckenlos und untadelhaft erfunden werden. Dazu ermahnt er und diese Mahnung ist wohlbegründet, durchaus
zeitgemäfs. Die Spötter lachen und lästern, was sie nicht
verstehen. Die Zweifler schütteln das Haupt und weisen hin
auf die Verzögerung der Verheifsung. Allenthalben herrscht
Gleichgültigkeit und Ungewifsheit. Unter tausend selbst ernst-

gesinnten Seelen gibt es nur wenige, welche die Erscheinung
des Tages des Herrn erwarten und ersehnen. Wie leicht
kann inmitten solcher Umgebung, bei derartigen Einflüssen,
der Glaube erschüttert, der Friede getrübt werden! Und hat
der Friede aufgehört in unserem Herzen zu regieren, dann ist
zu befürchten, dafs auch das Wort Christi aufhören wird,
reichlich unter uns zu wohnen, und wir laufen Gefahr, von
der Befleckung der Welt wieder beherrscht und überwältigt
zu werden. Hingegen wächst die Heiligung mit dem Frieden.
Fest gegründet in der Zuversicht, dafs Jesus kommen wird,
tief gewurzelt in der Erkenntnifs des Herrn und Heilandes,
unerschütterlich in der Hoffnung auf den Tag des Herrn, un-
beirrt durch Zweifel und Bedenken, halten wir uns fern von
allen Versuchungen, allen Verführungen und befleifsigen uns
unter Erwarten und Ersehnen der ewigen Herrlichkeit, unsere
Herzen und Sinne in Christo zu bewahren, uns fleckenlos, untadelhaft in dem Frieden, in dem Vertrauen, in der Freudig-
keit zu unserem Gott zu erhalten. Die Predigt von Christo
ist in uns kräftig geworden, also dafs wir keinen Mangel
haben an irgend einer Gabe und wir warten auf die Offenbarung
unsers Herrn Jesu Christi, welcher auch uns befestigen wird
bis ans Ende, dafs wir unsträflich seien am Tage unseres
Herrn Jesu Christi (1 Cor. 1,6—8). Wir sind nun vollständig
beruhigt, wir getrösten uns des einstigen Sieges unseres Herrn
und finden in diesem Troste einen Frieden, der höher ist,
denn alle Vernunft. Mag nun die Welt lachen oder spotten,
mögen die Irrlehrer mit ihren aufgeblasenen, eitlen Worten
die Schwachgläubigen bethören, wir wenden uns ab von diesen
wasserlosen Brunnen, schützen uns gegen die vom Sturmwinde
hin und her getriebenen Nebel und befleifsigen uns fleckenlos
und untadelhaft erfunden zu werden im Frieden. Und je mehr
dieser Friede uns erfüllt, desto tiefer werden wir in der
Heiligung gewurzelt. Die Heiligung wird die Frucht des
Friedens, der Ausdruck unserer Dankbarkeit. O wie gern
möchten wir dem Herrn durch die That beweisen, dafs er
wirklich und wahrhaftig unser Leitstern, unsere Weisheit,

unsere Ehre, unser Schutz, unser Himmel, unsere Seligkeit geworden! Wir frohlocken als besäfsen wir bereits die volle Seligkeit, wir befleifsigen uns, als hätten wir sie erst zu erkaufen. Und je mehr wir den Reichthum der göttlichen Gnade erkennen, geniefsen und würdigen, desto mehr drängt es uns, unserer Dankbarkeit durch die That einen immer reineren, kräftigeren Ausdruck zu verleihen. Sollten wir auch tausend Jahre zu leben haben, die tausend Jahre würden nicht genügen, unsere Schuld abzutragen, darum klagen auch die Christen nicht über eine Verzögerung der Verheifsung. Vielmehr danken sie Gott für seine Geduld und Gnade. Sie haben ja an sich selbst erfahren, was der Apostel seinen Lesern in Erinnerung ruft: „Die Langmuth unseres Herrn achtet für euer Heil." Die Langmuth Gottes erschlafft sie nicht, macht sie nicht träge. Wissen sie doch, warum der Herr langmüthig ist: er will nicht, dafs Gewisse verloren gehen, sondern dafs sich Alle zur Bufse kehren. Gott wartet: sie wenden Fleifs an ihren Beruf, ihre Erwählung fest zu machen, dafs ihnen der Eingang zum ewigen Reich des Herrn reichlich dargereicht werde. Die Absicht der Langmuth ist das Heil, die Rettung aller: sie gebrauchen die Gnadenfrist, der göttlichen Absicht gemäfs, zur Bufse und zum Wandel in der Bufse. Die Spötter lassen sich in ihrer fleischlichen Sicherheit bestärken, die Jünger bitten den Gott aller Gnade, der sie zu seiner ewigen Herrlichkeit in Christo Jesu berufen hat, er wolle sie im Glauben in der Heiligung vollbereiten, stärken kräftigen, gründen (1 Petr. 5 10). Und weil es Gottes Wille ist, dafs alle sich zur Bufse kehren, sorgen die Christen auch dafür, dafs allen die Mittel zur Bekehrung dargeboten werden. Sie stellen ihre Gaben und Kräfte, ihr Streben und Können in den Dienst der Kirche, der äufseren wie der inneren Mission. Sie tragen nach Vermögen dazu bei, dafs Christi Reich verbreitet, sein Name verherrlicht und das Evangelium allerorts verkündigt werde. Sie kaufen die Zeit aus zu ihrem Heile und zum Heile der Nebenmenschen.

Die Langmuth des Herrn wirkt und kräftigt in ihnen mit

der Liebe zu den Seelen, die Bereitwilligkeit, das Evangelium
den Armen zu predigen, zu heilen die zerschlagenen Herzens
sind, den Gefangenen Erledigung und den Blinden Wieder-
bringung des Gesichtes zu verkündigen, die Bedrängten in
Freiheit zu setzen, das angenehme Jahr des Herrn zu verkündigen (Luc. 4/18). In dieser Weise kaufen sie für sich
und für ihre Nebenmenschen die Gnadenzeit aus. Die Warte-
zeit ist ihnen eine Heilszeit.

So soll es auch sein. Das verlangt nicht bloſs der Apostel Petrus, das fordert auch — wie der Verfasser des Briefes
bemerkt, — „unser geliebter Bruder Paulus nach der
ihm verliehenen Weisheit." Seine Weisheit hat sich
vornehmlich darin geoffenbaret, daſs er einen Brief gerade
dieses Inhaltes an die heidnische Christenheit gerichtet hat.
Mit welchem Ernste fordert er doch die Christenheit desselben kleinasiatischen Landes in dem Briefe an die Epheser
auf würdig zu wandeln der Berufung, mit welcher sie berufen
worden, im Geiste ihres Gemüthes sich zu erneuern, den neuen
Menschen anzuziehen, die Zeit auszukaufen, und nicht zu betrüben den heiligen Geist, mit welchem sie besiegelt sind auf
den Tag der Erlösung! Mit welchem Nachdruck betont er
denselben Gedanken auch in den anderen Briefen, so oft er
von diesen Dingen, von dem Tage des Herrn, spricht. Da
fordert er sie auf, daſs sie, mit Christo auferstanden, suchen
was droben ist, wo Christus sitzet zur Rechten Gottes und
Alles, was sie thun, mit Worten und Werken, in dem Namen
des Herrn Jesu thun, damit auch ihr Leben offenbar werde
mit Christus in der Herrlichkeit (Col. 3/1 etc.); dort ermahnt
er sie, daſs sie als Kinder des Lichtes, angethan mit dem
Panzer des Glaubens und der Liebe und mit dem Helm der
Hoffnung, immer völliger werden, damit der Tag sie nicht wie
ein Dieb ergreife (1 Thessal. 4/5) oder er betet für sie, angesichts der herrlichen Erscheinung Jesu, daſs Gott sie würdig mache der Berufung und erfülle alles Wohlgefallen der
Güte, und das Werk des Glaubens in der Kraft, auf daſs an
ihnen gepriesen werde der Name des Herrn Jesu Christi und

sie an ihm, nach der Gnade Gottes und des Herrn Jesu Christi (2 Thessal. 1 11—12). Wo immer eine passende Gelegenheit sich darbietet, benutzt sie der Apostel Paulus, um die Christen aufzumuntern standhaft zu bleiben und festzuhalten die Satzungen, die sie gelehret worden, es sei mündlich oder brieflich (2 Thessal. 2,15). Zwar ist in diesen „Briefen einiges Schwerverständliche", wie z. B. von der Gesetzesfreiheit, und die „Ungelehrigen", Unwissenden, welchen das Verständnifs für geistliche Wahrheit überhaupt abgeht, sowie die „Unbefestigten", welchen es an Glauben fehlt, der allein einen festen Stand verleiht, klammern sich in ihrer Beschränktheit und Flatterhaftigkeit an diese dunklen Stellen an, um den klaren deutlichen Aussprüchen nicht folgen zu müssen. Ja, „sie verdrehen sogar zu ihrem eigenen Verderben" diese Stellen gleich wie sie „auch die übrigen Schriften", welche den Büchern des alten Testamentes gleichwerthig sind, „verkehren", allein die treuen Jünger des Herrn, „die Geliebten" des Apostels, „werden sich wohl hüten" — zumal sie rechtzeitig gewarnt wurden — „sich durch den Irrthum, durch die sittliche Verirrung der Ruchlosen fortreifsen und aus dem eigenen festen Stande vertreiben zu lassen." Sie werden vielmehr alle ihre Angriffe abwehren, treu ausharren in der Nachfolge Christi, und allen Fleifs anwenden, dafs sie in der sichern Burg des Glaubens, unter dem Schutze des Allmächtigen nicht blofs fest, unbeweglich bleiben, sondern immermehr zunehmen in dem Werk des Herrn (1 Cor. 15,58).

Zumal die christliche Hoffnung ein stetes, ununterbrochenes Wachsthum verlangt. Das ist auch die dritte und letzte Forderung, welche der Apostel an seine Leser stellt. „Wachset dagegen — ermahnt er zum Schlusse, — durch die Gnade und Erkenntnifs unseres Herrn und Heilandes Jesu Christi!"

Wachset! Alles in der Natur wächst, dehnt sich aus, schiefst in die Höhe, wurzelt sich ein in die Tiefe. Auf allen Gebieten der Kunst, Wissenschaft, Industrie etc. ist Bewegung,

Entwicklung, Wachsthum. Das Reich Gottes bildet keine
Ausnahme. Im Gegentheil. Der Stillstand ist hier weit mehr,
als auf allen anderen Gebieten, unvermeidlicher Rückgang.
Der Glaube, die Liebe, die Hoffnung bleiben nur solange
lebendig, als sie wachsen. Wer zum Reiche Gottes gehört,
mufs zu einem heiligen Tempel in dem Herrn, zu einer Behau-
sung Gottes im Geiste heranwachsen (Eph. 2/21—22).
        Oder möchtet ihr immerwährend nur Kinder bleiben?
Zwar ist es gut ein Kind zu sein, als Kind vom Vater sich
führen, tragen und leiten zu lassen — wie würden wir uns
freuen, wenn ihr alle bereits Kinder geworden wäret! —
aber ist denn das Wachsthum nicht auch bei den Kindern
ein unerläfsliches Zeichen der Gesundheit und Lebenskraft?
Wie schwächlich und schmächtig, wie jammervoll die Kinder,
die nicht wachsen können, nicht wachsen wollen! Und läuft
das Kind nicht Gefahr hin- und hergeworfen und umhergetrie-
ben zu werden von jedem Winde der Lehre durch die Be-
trügerei der Menschen, durch ihre Schlauheit zu Künsten der
Verführung? (Eph. 4, 14.) Darum leget ab das Kindische
und wachset!
        Wachset und werdet Jünglinge, dafs ihr stark seid, dafs
Gottes Wort bei euch bleibe und ihr den Bösewicht überwindet! Mit jugendlicher Frische und Begeisterung kämpfet
gegen die Sünde und schwinget wuchtig und kräftig die gute
Wehr und Waffe! Wie kann ein Jüngling seine Wege unsträflich gehen? Wenn er sich hält nach Gottes Worten,
antwortet der Psalmist (119 9). So lasset denn das Wort
Christi reichlich unter euch wohnen in aller Weisheit (Col.
3, 16) und wachset hinein in den Geist der Weisheit und
Offenbarung zu seiner Erkenntnifs (Ephes. 1 17). —
        Und seid ihr Jünglinge geworden, habt ihr das Wort
bleibend bei euch, dann wachset weiter, wachset also, dafs
ihr Männer werdet, vollkommen an dem Verständnifs, vollkommen nach dem vollen Maafse der Gröfse Christi (Eph. 4 13)
vollkommen, zu allem guten Werke geschickt (2 Tim. 3 17)!
        Herrlich ist die Erscheinung Christi, herrlich sei auch

unser Wachsthum. Und herrlich kann es werden, zumal es
Gottes Werk ist. Denn das Wachsthum wird gefördert durch
die „Gnade und Erkenntnifs Jesu Christi." Die Gnade
Christi ist in unserer Schwachheit mächtig. Wir überwinden
durch den, der uns geliebt hat (Röm. 8 37). Er pflanzt, er be-
giefst, er gibt das Gedeihen: wir schreiten vorwärts, auf-
wärts in der Macht seiner Stärke (Eph. 6/10). Und wodurch stärkt er uns? Durch die Erkenntnifs. Der Glaube,
das Wachsthum im Glauben wird kräftig durch die Erkenntnifs alles des Guten, das wir haben in Christo Jesu (Philem. 6).
Je reicher die Erkenntnifs, desto reicher das Wachsthum.
Wachsen wir durch die Erkenntnifs in Christum hinein, so
wächst von ihm aus der ganze Leib zu Gottes Wachsthum
empor (Col. 2/19). Die Erkenntnifs läfst es nicht zu, dafs
wir faul und unfruchtbar bleiben, sie erneuert uns fort und
fort nach dem Bilde dessen, der uns erschaffen hat (Col. 3/10).
Und wollt ihr wissen, wodurch die Erkenntnifs selbst in uns
geklärt, geläutert, befestigt wird, so weise ich hin auf das
Wort Gottes. Wir werden wiedergeboren aus unvergänglichem
Samen durch das lebendige Wort Gottes, das in die Ewigkeit
bleibet (1 Petr. 1 23). Wer dies Wort hält, in dem ist wahrhaftig die Liebe Gottes vollkommen (1 Joh. 2 5).

Darum wer Ohren hat zu hören, der höre und bleibe fest
in dem Worte der Wahrheit, in der Kraft Gottes
(2 Cor. 6/7). Dann wird immer reiner und lieblicher durch
sein Bekenntnifs, durch sein Leben und Wandel hindurch klingen der schöne Lobgesang, mit welchem der Apostel schliefst:
„Christo sei Ehre jetzt und am Tage der Ewigkeit!"

Ein schöner Schlufs für einen Brief. Ein noch schönerer
Schlufs für das Leben. Selig wer mit diesem Lobgesange im
Herzen die Augen schliefst: er erwacht droben im Reiche
unseres Herrn und Heilandes Jesu Christi, er ist unbefleckt
und untadelhaft erfunden worden im Frieden.

Ja! Ihm sei Ehre jetzt und am Tage der Ewigkeit!

Benützte Hülfsmittel:

***

Dr. J. Chr. K. von Hofmann: Die heilige Schrift neuen Testaments zusammenhängend untersucht. 7. Theil. Nördlingen 1875. C. H. Beck'sche Buchhandlung.

Lic. J. C. August Wiesinger: Der zweite Brief des Apostels Petrus. Königsberg 1862. A. W. Unzer.

Dr. Joh. Ed. Huther: Kritisch-exegetisches Handbuch über den 1 Brief des Petrus, den Brief des Judas und den 2 Brief des Petrus. 4. Aufl. Göttingen 1877. Vandenhoeck und Ruprecht's Verlag.

D. H. L. Heubner, Praktische Erklärung des Neuen Testamentes, herausgegeben von D. A. Hahn. 4. Band. 2. Auflage. Potsdam 1867. Riegel'sche Buch- und Musikalienhandlung (A. Stein).

Witz, Chr. A., Der erste Brief Petri. Für die Gemeinde in Vorträgen ausgelegt. (Früher 8 M.) jetzt 4 M.

— — **Was thut unserer Kirche not?** Predigt über 1 Petri 4, 11, in Triest gehalten. 0,50 M.

— — **Die Bergpredigt** nach Inhalt und Zusammenhang. Ein exegetisch-homiletischer Versuch. 0,80 M.

Behrmann, G., Einführung in die heilige Schrift Alten und Neuen Testaments. Vorträge. 4.50 M., geb. 5,50 M.

Blaikie. W. G., Unser Herr als Lehrer und Seelsorger. Eine biblische Pastoraltheologie. Autor. Übersetzung mit einem Vorwort v. D. Fr. A. Brandes. 4 M., geb. 4,80 M.

— — **Blicke in das Seelenleben des Herrn.** Biblische Betrachtungen. Mit einem Vorwort von D. F. H. Brandes. 2 M., geb. 2,80 M.

Cracau, C., Die Liturgie des heiligen Johannes Chrysostomus mit Übersetzung und Kommentar. 2,80 M.

Cremer, D. Herm., Das Wort vom Kreuze. Ein Jahrgang Predigten. 5 M., geb. 6 M.

— — **Die Fortdauer der Geistesgaben** in der Kirche. Vortrag. 0,40 M.

Parallel-Bibel oder Die heilige Schrift Alten und Neuen Testaments in der Verdeutschung durch D. Martin Luther nach der Originalausgabe von 1545 mit nebenstehender wortgetreuer Übersetzung nach dem Grundtext. Erster Band: Die Geschichtsbücher des Alten Testaments. 5 M., geb. 7 M. Zweiter Band: Die poetischen und prophetischen Bücher des Alten Testaments. 4 M., geb. 5,50 M. Dritter Band: Das Neue Testament. 3 M., geb. 4,50 M. (In einen Band geb. 15 M.)

Die heilige Schrift Alten und Neuen Testaments nach D. Martin Luthers Übersetzung. Mit der Auslegung der vorzüglichsten Schriftforscher der älteren evangelischen Kirche. I. Band: Die vier Evangelien und die Apostelgeschichte. 4 M., geb. 5,20 M. II. Band: Die Episteln und die Offenbarung Johannis. 4 M., geb. 5,20 M. III. Band: Der Psalter. 2 M., geb. 2,80 M.

Vilmar, Prof. Dr. A. F. C., **Collegium biblicum.** Praktische Erklärung der heiligen Schrift Alten und Neuen Testaments. Aus dem handschriftlichen Nachlass der akademischen Vorlesungen herausg. von Pfr. Chr. Müller. Des Alten Testaments 1. Teil: Einleitung. Der Pentateuch. 6 M. 2. Teil: Buch Josua bis zu den Chroniken. 5 M. 3. Teil: Die Lehrbücher: Hiob bis Klagelieder Jeremia. 5 M. 4. Teil: Die Propheten. 6 M. — Des Neuen Testaments 1. Teil: 7 M. 2. Teil: 9 M. Alle 6 Bände 38 M.

Zahn, Ad., **Das Deuteronomium.** Eine Schutzschrift wider modern-kritisches Unwesen. 1,60 M.

Beck, J. T., **Vorlesungen über christliche Glaubenslehre.** Herausg. von J. Lindenmeyer. Zwei Bände. 18 M., geb. 21 M.

— — **Vorlesungen über christliche Etkik.** Herausg. von J. Lindenmeyer. I. Band: Die genetische Anlage des christlichen Lebens. 6,75 M. II. Band: Die pädagogische Entwicklung des christlichen Lebens. 7,50 M. III. Band: Die ethische Erscheinung des christlichen Lebens. 3,60 M.

— — **Pastorallehren des Neuen Testaments,** hauptsächlich nach Matth. 4—12 und Apostg. 1—6. Herausg. von B. Riggenbach. 5 M.

— — **Erklärung des Briefes Pauli an die Römer.** Vorlesungen. Herausg. von J. Lindenmeyer. In 2 Bänden. 1. Bd. 7 M.; 2. Bd. 3,40 M.

— — **Erklärung der zwei Briefe Pauli an Timotheus.** Herausg. von J. Lindenmeyer. 5 M.

— — **Erklärung der Offenbarung Johannis** Kap. 1—12. Herausg. von J. Lindenmeyer. 3,60 M.

Eremita, Joh., **Die Vollführung des Geheimnisses Gottes.** 1,20 M. (Als Fortsetzung zu Beck, Erklärung der Offenbarung Johannis.)